NOUVELLES LECTURES GRADUÉES

RÉCITS

SUR LES

PREMIÈRES CONNAISSANCES USUELLES

OUVRAGE

Autorisé par le Conseil supérieur de l'Instruction publique.

8° R 0674

L'Auteur et l'Éditeur se sont conformés aux lois; ils poursuivront les contrefacteurs. Ils signent tous les exemplaires.

Dupont

Ducrocq

3889-89. — Corbeil, Imprimerie Crété

NOUVELLES LECTURES GRADUÉE

DÉPÔT LÉGAL
Seine & Oise
693

RÉCITS

SUR LES PREMIÈRES

CONNAISSANCES USUELLES

BIBLIOTHÈQUE NATIONALE
IMPRIMÉS

Ouvrage propre à développer l'intelligence des enfants

ENTREMÊLÉ DE RÈGLES SUR L'ART DE LIRE A HAUTE VOIX

PAR H.-A. DUPONT

INSTITUTEUR

Auteur de la *Citolégie*, des *Tableaux de Calcul mental*, etc.

CHEVALIER DE LA LÉGION D'HONNEUR

Nous n'aimons à lire que ce que nous comprenons.

Approuvé par le Conseil supérieur de l'Instruction publique.

NOUVELLE ÉDITION

PARIS

P. DUCROCQ, LIBRAIRE

Éditeur-Propriétaire des Ouvrages de H.-A. DUPONT

55, RUE DE SEINE, 55

NOUVELLES PUBLICATIONS ÉLÉMENTAIRES
Adoptées par la Ville de Paris.

Choix gradué de cinquante Fables, extraites de La Fontaine, Florian, Aubert, etc., **édition illustrée**, à l'usage des classes élémentaires. 1 vol. in-16 jésus. Prix, cartonné.. 50 c.

H.-A. Dupont. **La Citolégie**, nouvelle méthode de lecture pratique, **édition illustrée**. 1 vol. in-16 jésus. Prix, cartonné.. 50 c.

H.-A. Dupont. **Leçons de choses. Récits enfantins**, extraits des lectures graduées, par M. J. Messin, inspecteur primaire à Paris.

Cours élémentaire (garçons). 1 volume orné de 70 vignettes. Prix.. 1 fr.

Cours moyen (garçons). 1 vol. orné de 70 vignettes. Prix.. 1 fr.

Cours élémentaire (filles). 1 vol. orné de 70 vignettes. Prix.. 1 fr.

Cours moyen (filles). 1 vol. orné de 70 vignettes. Prix.. 1 fr.

Dr J. Rengade. **Premières notions d'hygiène**. 1 vol. in-18 jésus, orné de nombreux dessins. Prix, cart. 1 fr.

QUINZE CENTS PROBLÈMES
D'ARITHMÉTIQUE

PAR MM.

Élie ROBY, Licencié ès sciences mathématiques, Professeur à Paris.
L. CADILLON, Instituteur aux Écoles de la Ville de Paris.

UN VOLUME IN-16 JÉSUS. PRIX, CART.... **80 c.**

PARTIE DU MAITRE
DES
QUINZE CENTS PROBLÈMES
Prix, cartonné, dos en toile...... **1 fr. 50**

NOUVELLES
LECTURES GRADUÉES

Premiers Devoirs d'un enfant.

C'est bien, mon cher enfant ;

Vous vous êtes levé de vous-même à l'heure fixée par votre papa.

Il faut vous lever ainsi tous les jours ; vous en serez plus gai, plus content.

Quand vous vous serez lavé et peigné,

Vous ferez vos prières :

Un bon enfant les fait le matin et le soir.

Il n'y manque jamais.

Il prie pour lui, pour ses parents et pour ses amis.

Il prie pour tout le monde, et même pour les gens qui ne l'aiment pas.

Un bon enfant, un enfant soigneux,

se lave et se peigne tous les jours, dès qu'il se lève.

Il est toujours propre.

S'il se salit en faisant quelque chose,

Il se lave tout de suite.

On aime bien les enfants propres.

Bonjour, papa; bonjour, maman; comment avez-vous passé la nuit?

Un bon enfant parle ainsi chaque matin à ses parents, qu'il va voir en sortant de sa chambre.

Je suis sûr que vous n'y manquez jamais,

Car vous aimez vos parents.

Quel plaisir ne goûtez-vous pas

Quand vos parents sont contents de vous!

Ah! ne leur faites jamais de la peine, à ces bons parents!

Pensez à chaque instant à tout ce qu'ils font pour vous.

N'oubliez jamais que c'est à eux que vous devez tout.

Votre maman vous a soigné pendant que vous ne saviez ni parler ni marcher.

C'est elle qui vous a d'abord lavé et peigné chaque matin.

C'est elle qui vous a appris à marcher.

C'est aussi elle qui vous a appris à parler.

C'est de votre maman que vous avez appris vos prières.

Elle vous les a fait dire chaque matin et chaque soir.

Voyez les soins qu'on prend d'un jeune enfant !

La mère ne dort jamais bien la nuit.

Si elle l'entend tousser ou remuer,

Elle se lève et va vers lui.

Elle craint qu'il ne soit malade.

S'il pleure, que ne fait-elle pas pour le calmer !

Pensez donc souvent à votre maman, qui a pris de vous les mêmes soins, et bien d'autres encore.

Pensez-y surtout avant de faire une chose qui puisse lui faire de la peine.

Elle vous aime tant, cette excellente maman !

Suivez toujours les bons conseils qu'elle vous donne :

C'est le moyen d'être toujours heureux.

Vous ne devez pas moins à votre papa.

Il vous aime beaucoup aussi.

Que de complaisance n'a-t-il pas pour vous !

Il vous donne des joujoux, et, pour vous apprendre à vous en servir, il joue avec vous quand il peut.

Il vous donne même des leçons, toutes les fois qu'il en a le temps.

C'est lui qui a choisi le maître qui vous instruit.

C'est lui aussi qui le paye.

Votre papa paye aussi le marchand qui fournit du drap pour vos habits.

Il paye aussi le tailleur.

C'est enfin lui qui paye tout ce qui vous sert.

Dans tout ce qu'il fait votre papa pense à vous.

Il désire que vous soyez heureux.

Il fait tout ce qu'il peut pour vous donner le bonheur.

Aimez donc bien votre papa,

Et faites tout ce que vous pourrez pour lui faire plaisir.

L'enfant effrayé.

Ah ! maman, quel malheur !

Je me suis coupé au doigt.

Voilà mon sang qui coule.

Sûrement je vais mourir.

Maman, maman, viens à mon secours !

— Qu'as-tu donc, Ninette, pour jeter de semblables cris?

— Je peux bien crier quand je perds tout mon sang.

— Voyons. C'est ton doigt qui est coupé.

Ce n'est rien que cela! Je vais y mettre une toile d'araignée, puis l'envelopper avec du linge; le sang s'arrêtera tout de suite.

Il ne faut pas s'effrayer pour de si petits accidents.

Demain on doit me saigner.

Je veux, Ninette, que tu y sois présente.

Je perdrai beaucoup plus de sang que toi.

On m'en tirera plein une petite tasse.

Je n'en serai que mieux portante après.

— Maman, je ne veux pas voir ton sang couler.

Cela me ferait trop de peine.

— Ninette, il faut de bonne heure avoir du courage.

S'il n'y avait personne pour tenir la tasse, il faudrait bien que ce fût toi.

Ce serait un service que tu me rendrais.

Madame de RENNEVILLE.

Marcher, nager, voler, ramper.

La chèvre, le mouton, le chien et la vache marchent sur la terre.

Dieu leur a donné des jambes pour cela.

Combien de jambes ont les poissons?

Les poissons n'ont point de jambes.

Comment font-ils donc pour marcher?

Les poissons ne marchent pas.

Ils nagent dans l'eau, comme les oiseaux volent dans l'air.

Les poissons ont des nageoires.

Avec leurs nageoires ils montent, ils descendent dans l'eau comme il leur plaît.

Les poissons se servent de leurs nageoires, comme les oiseaux de leurs ailes.

Les poissons ne peuvent vivre que dans l'eau.

Il y a des poissons qui ne sont pas plus gros que votre petit doigt.

Il y en a d'aussi grands qu'une maison.

Vous seriez bientôt mort si vous tombiez dans l'eau.

Le poisson serait bientôt mort si on le sortait de l'eau.

Voilà quelque chose qui remue la terre.

Ne faites pas de bruit.

Nous allons voir ce que c'est...

Ah! c'est un ver de terre.

Voyez comme il se tortille!

Cet animal n'a point de jambes.

Il n'a point d'ailes.

Il n'a point non plus de nageoires.

Le ver ne marche pas.

Il ne vole pas.

Il ne nage pas.

Il se traîne, il rampe.

Le limaçon rampe aussi.

Il emporte avec lui sa maison.

Il n'a qu'à se coller contre la muraille pour être à l'abri de tous côtés.

Les moutons marchent, les oiseaux

volent, les poissons nagent, et les vers et les limaçons rampent pour chercher leur nourriture.

L'huître et bien d'autres coquillages ne savent pas même ramper.

Ils restent toute leur vie à l'endroit où ils sont nés.

— Comment peuvent-ils vivre?

— La mer leur apporte leur aliment. Ils n'ont pas besoin de bouger pour trouver de quoi se nourrir.

Voyez combien Dieu est bon!

Il procure à tous les êtres ce qu'il leur faut pour leur conservation.

Le Nègre.

Ah! maman, le vilain homme qui est dans la cuisine!

Il m'a fait grand'peur,

Je me suis sauvée tout de suite.

— Qu'est-ce qu'il a donc d'effrayant?

— Maman, sa figure et ses mains sont noires comme du charbon.

Et tout son corps aussi.

— C'est le domestique de M. Ferval.

— Pourquoi a-t-il un domestique si vilain?

— C'est qu'il est bon, il sert bien son maître.

Il lui est fort attaché.

Il a grand soin de ses enfants.

Les petits Ferval aiment beaucoup Fidèle.

C'est le nom de cet honnête homme.

— Maman, pourquoi est-il tout noir?

— C'est qu'il est né dans un pays où les hommes sont noirs.

— Comment s'appelle ce pays-là?

— Il s'appelle l'Afrique.

— Ces hommes-là ne sont pas plus méchants pour cela?

— Non, sans doute.

Avec une peau noire, on peut avoir un bon cœur.

Ces hommes noirs se nomment des nègres.

— Eh bien, quand je verrai un nègre, je n'aurai plus peur.

Madame de RENNEVILLE.

Le Blé et le Pain.

Voilà un champ d'herbe bien longue.

Cette herbe commence à jaunir.

Regardez-la bien attentivement.

Cette herbe est du blé, qu'on appelle aussi froment.

Chaque brin d'herbe ou tige est surmonté d'un épi.

L'épi est beaucoup plus gros que la tige qui le soutient.

Il y a quelques épis qui se tiennent bien droits.

Presque tous sont penchés vers la terre.

Voyez comme ils font plier la tige.

C'est le poids des grains que l'épi renferme qui le fait pencher ainsi.

Plus l'épi se tient droit, moins il est plein.

Coupez un épi et dépouillez quelques grains.

Ne craignez point les pointes qui entourent chaque épi.

Ce sont les barbes.

Elles empêchent les oiseaux de manger le grain.

Écrasez un grain entre vos doigts.

Voyez donc : il est blanc et mou comme du lait caillé.

Dans quelques jours, le soleil mûrira le grain.

L'épi deviendra jaune comme de l'or.

Alors le grain sera dur.

Vous ne pourriez plus l'écraser entre vos doigts.

Quand le blé est mûr, on le coupe.

On le porte dans la grange.

On le bat pour en faire sortir le grain.

L'herbe est alors de la *paille.*

Le meunier moud le grain.

Il en fait de la farine.

Le boulanger pétrit la farine avec de l'eau.

Il en fait de la pâte.

Avec la pâte, il fait des pains, et il les fait cuire dans le four.

Avec la farine, le pâtissier fait des gâteaux.

La paille sert à nourrir les chevaux.

Les gros brins de paille que les chevaux ne mangent point leur servent de lit.

Le lit des chevaux se nomme *litière.*

Avec la paille, on fait des chapeaux pour l'été.

Avec la paille, on fait des sébiles, sortes de corbeilles pour serrer les fruits secs et les graines.

La paille sert à faire des paillasses pour les lits.

Il y a des gens qui couchent sur

la paille et ils ne s'en portent pas plus mal.

La paille est un coucher fort sain.

Pauline.

— Ma petite Pauline, je crois que tu t'ennuies.

Ma fille va revenir.

Elle est sortie avec sa bonne.

Je vais te prêter sa poupée. Tu t'amuseras à l'habiller.

Tu peux aussi la coiffer. Vois comme elle a de beaux cheveux !

Moi, je vais écrire quelques lettres.

— Elle est bien jolie, la poupée de Clotilde !

Je voudrais en avoir une pareille.

La voilà lacée. Je vais lui mettre sa robe rose.

Ses cheveux sont trop longs, je ne saurais les friser.

J'aimerais mieux qu'elle fût coiffée à la Titus.

Titus, empereur romain, portait les cheveux courts.

Bon! voilà des ciseaux, je vais lui tailler les cheveux.

C'est à merveille! Elle est bien plus jolie comme cela.

— Bonjour, ma bonne amie. Ah! mon Dieu, qu'as-tu fait là?

Tu as coupé les beaux cheveux de ma poupée.

Regarde, maman, comme Pauline est méchante!

— Mais nòn, je voulais qu'elle fût à la Titus.

— Si la poupée avait été à toi, tu aurais pu le faire.

Apprends, ma petite, qu'il ne faut jamais disposer de ce qui est aux autres.

Je ne le dirai pas à ta maman, car elle te grondrait.

— Essuie tes larmes, Clotilde, je ferai faire une autre perruque à ta poupée.

Embrasse ta bonne amie.

Elle est fâchée de t'avoir fait du chagrin.

— Oui, j'en suis bien fâchée; cela ne m'arrivera plus.

— N'y pensons plus, ma chère Pauline.

Allons nous amuser.

Ma bonne maman réparera le malheur que tu as fait.

Madame de RENNEVILLE.

Les sept jours de la semaine.

Chaque jour est suivi d'une nuit.
Chaque nuit est suivie d'un iour.
Le jour commence le matin.
La nuit commence le soir.
On ne compte pas les nuits,
Mais on compte les jours.
Un jour et une nuit ne comptent que pour un jour.
Sept jours font une semaine.
Une semaine a aussi sept jours.

Le premier jour de la semaine s'appelle dimanche.

Le deuxième jour s'appelle lundi;

Le troisième mardi ;

Le quatrième mercredi;

Le cinquième jeudi ;

Le sixième vendredi;

Le septième samedi.

Le samedi est le dernier jour de la semaine.

Quand une semaine est finie, une autre commence.

Après le samedi, le dimanche revient.

Le lundi, le mardi, le mercredi, le jeudi, le vendredi et le samedi sont des jours de travail.

Le dimanche est le jour du repos.

Ces six jours de travail nous rappellent que Dieu créa le monde en six jours.

Le dimanche nous rappelle que Dieu se reposa après avoir créé le monde.

Le dimanche est le jour du Seigneur ; il nous rappelle sa résurrection.

C'est pour cela que ce jour est consacré au bon Dieu.

En ce jour, tout le monde doit assister aux offices de l'Église.

Tout le monde doit remercier Dieu de ses bienfaits.

Nous devons aussi lui demander la grâce de bien travailler toute la semaine.

Comptons les jours de la semaine.

Dimanche, un ; lundi, deux ; mardi, trois ; mercredi, quatre ; jeudi, cinq ; vendredi, six ; samedi, sept.

La bonne petite Fille.

— Bonjour, grand'maman, as-tu bien dormi cette nuit ?

— Bien, ma chère Ninette.

Viens me baiser, mon enfant.

— Ton chocolat est tout prêt. Je vais te le chercher.

Tu le prendras dans ton lit.

— Va, ma petite ; prends garde d'en répandre.

Tu pourrais te brûler.

— Oh ! que non, bonne maman ; j'irai tout doucement.

— Donne-moi la tasse et la soucoupe.

Je veux que ma Ninette goûte mon déjeuner.

— Il est bon, grand-maman.

Tu n'es pas à ton aise.

Je vais arranger tes oreillers.

Est-ce que tu veux déjà te lever ?

— Oui, mon enfant, il fait si beau !

— Je vais t'aider. Voici tes jupons.

Voici ta douillette et tes pantoufles fourrées.

Lève-toi à présent ; appuie-toi sur mon épaule.

— Non, ma fille, tu n'es pas assez forte pour me soutenir.

— Mon Dieu ! quand donc serai-je grande ?

Je vais rouler ton grand fauteuil près de la croisée.

Le soleil y donne.

Tu dis que cela te fait du bien.

— Je te remercie, mon aimable enfant.

— Bonne maman, je vais me dépêcher d'apprendre à bien lire.

Je te lirai de belles histoires.

Cela te désennuiera.

— Tiens, Ninette, voilà un joli livre où il y a des estampes.

Je l'ai acheté pour toi.

Tu y verras de bons enfants comme Ninette.

Tu en verras aussi de méchants.

Mais, pour toi, je suis sûre que tu seras toujours bonne.

Madame de RENNEVILLE.

Les douze Mois de l'année.

Quatre semaines et deux ou trois jours font un mois.

Les mois ont trente ou trente et un jours.

Un seul mois n'a que vingt-huit ou vingt-neuf jours.

Douze mois font une année.

Le premier mois de l'année se nomme janvier ;

Le deuxième se nomme février ;

Le troisième mars ;

Le quatrième avril ;

Le cinquième mai ;

Le sixième juin ;

Le septième juillet ;

Le huitième août ;

Le neuvième septembre ;

Le dixième octobre ;

Le onzième novembre ;

Le douzième décembre.

Décembre est le dernier mois de l'année.

Quand une année est finie, une autre commence.

Après décembre revient janvier.

C'est le soleil qui sert à marquer les jours, les semaines, les mois et les années.

Un jour succède à un autre jour.

Une semaine succède à une autre semaine.

Un mois succède à un autre mois.

Une année succède à une autre année.

Et toujours de même jusqu'à la fin du monde.

Les jours, les semaines, les mois, les années, s'écoulent avec une rapidité extrême.

Le temps passé ne revient plus.

Le temps mal employé est véritablement perdu.

On ne peut plus en réparer la perte.

Le temps à venir ne nous appartient pas.

L'instant présent seul est notre bien.

Appliquons-nous sans cesse à le bien employer.

Comptons ensemble les mois de l'année.

Il faut savoir les dire de suite.

Janvier 1, février 2, mars 3,

avr 4, mai 5, juin 6, juille 7, août 8, septembre 9, octobre 10, novembre 11, et décembre 12.

Trois cent soixante-cinq jours font une année.

Tous les quatre ans l'année est appelée bissextile.

Les années bissextiles ont trois cent soixante-six jours.

Alors février a vingt-neuf jours au lieu de vingt-huit.

De combien de mois se compose l'année?
Dites le nom des douze mois de l'année.

Sachons badiner.

— Écoute, Victor, je ne veux plus jouer qu'avec toi.

— Pourquoi donc, petite sœur?

— Je ne veux plus jouer avec mes bonnes amies.

Je prierai maman de ne plus les inviter.

— Dis-moi donc ce qu'elles t'ont fait.

— Elles me font toujours des malices, ou bien elles se moquent de moi.

N'est-ce pas plutôt toi qui te fâches pour des badineries ?

Quand on joue avec ses amies, il faut tout prendre en jouant.

Vois-tu, Paméla, tous mes camarades m'aiment.

Mais, quand ils me font quelques tours pour s'amuser, je ne me fâche pas ;

J'en ris tout comme les autres.

L'autre jour, Georges attacha une souris morte derrière mon habit.

Ensuite il me pria d'aller au coin de la rue lui acheter un gâteau.

Tous les polissons couraient après moi.

Ils criaient : Voilà le petit marchand de souris.

Combien la souris ?

Je rentrai bien vite et je dis à Georges qu'il me payerait sa malice.

Le lendemain, je lui en ai fait une autre :

Ainsi nous sommes quittes.

— Je crois, Victor, que tu as raison.

Je veux essayer de faire comme toi.

Je ne me fâcherai plus.

Et je ne bouderai plus mes compagnes.

— Tu verras, Paméla, que tu t'amuseras bien davantage,

Et tout le monde t'aimera.

Madame de RENNEVILLE.

Janvier.

Le premier jour de janvier est un jour bien agréable aux jeunes enfants,

Ils souhaitent la bonne année à leurs parents et aux personnes qui les aiment.

Ils en reçoivent des étrennes.

Mais qu'il fait froid pendant ce mois!

La neige tombe à gros flocons.

L'eau qui coulait dans les rues est gelée.

Les rivières charrient des glaçons.

Voyez-vous ces petits garçons qui glissent sur la glace?

Des patins sont attachés à leurs pieds.

Glisser ainsi sur la glace avec des patins aux pieds, cela s'appelle *patiner*.

Prenez bien garde! mes petits amis.

La glace pourrait bien n'être pas assez forte pour vous porter.

Si elle venait à se rompre, vous tomberiez à l'eau;

Vous seriez noyés peut-être!

Quelle douleur pour votre bonne mère!

— Comme la nature est triste et silencieuse!

Les arbres sont tout à fait dépouillés de leurs feuilles.

Les oiseaux ne font plus entendre leurs doux chants.

Nos parterres n'ont plus de fleurs.

Tous ces arbustes qui embellissaient nos jardins paraissent morts en ce moment.

Mais ne vous y trompez pas, mon enfant, ils ne sont pas morts.

Voyez ce joli rosier qui nous donna tant de roses l'année passée.

Il nous en donnera encore lorsque le beau temps sera revenu.

— Pauvres petits oiseaux !

Voyez comme ils volent tristement !

Le bon Dieu les a couverts de plumes qui les garantissent du froid ;

Mais ils trouvent peu à manger.

C'est la faim autant que le froid qui tue les pauvres petits oiseaux.

Jetez-leur des miettes par la fenêtre.

— Voyez comme ils accourent pour les manger !

On peut les approcher maintenant.
La faim leur fait oublier le danger.
Allons les voir de plus près.
Ils ont déjà tout mangé.
Ils volent déjà mieux.
Ne leur faites aucun mal.

— Il n'est pas encore quatre heures, et déjà la nuit vient.

Rentrons à la maison.
Allumons d'abord notre lampe.
Mais voyez donc, l'huile est gelée;
Comment faire pour nous en servir?

Approchons-la un peu du feu,
Elle sera bientôt dégelée.
Jean, allumez-nous un bon feu.
Mon petit ami a les mains bien froides.
Son petit visage est tout violet.

Que font les enfants le premier jour de janvier?
Quel temps fait-il au mois de janvier?
Qu'est-ce que patiner?
Quel grand danger court-on en glissant trop tôt sur la glace?

Qu'avons-nous dit des arbres et des arbustes?
Qu'avons-nous dit des oiseaux?
Les oiseaux meurent-ils de faim ou de froid en janvier?
Qu'avons-nous dit du jour?

Ne tourmentez jamais les animaux.

Viens voir, Joséphine, quelque chose de bien drôle.

— Voyons, mon frère.

Voilà une petite bête que je ne connais pas.

— C'est une mouche à qui j'ai ôté les ailes,

Regarde comme elle a l'air embarrassée,

— Je le crois bien. Pauvre animal!

C'est bien vilain de lui avoir fait du mal.

Si l'on te coupait les jambes, ne serais-tu pas malheureux?

— Sûrement, je ne pourrais plus marcher.

— Et la pauvre bête ne peut plus voler.

Elle n'ira plus chercher sa nourriture.

S'il vient une araignée pour sucer son sang, elle ne pourra plus se sauver.

— Ce n'est qu'une bête.

— Oui, mais c'est Dieu qui l'a faite. Il ne veut pas qu'on la fasse souffrir. Irais-tu casser les cornes du bœuf qui est dans l'étable ?

— Non, car il est plus fort que moi.

— Et parce que tu es plus fort qu'une mouche tu lui fais du mal !

Un homme pourrait donc te maltraiter, parce qu'il est plus grand et plus fort que toi.

— J'ai tort, Joséphine, et je ne ferai plus de mal aux bêtes.

La pauvre mouche !

Je voudrais pouvoir lui rendre ses ailes.

— Vois-tu, mon frère, il est bien facile de faire une méchanceté,

Et il est bien difficile de la réparer.

Madame de RENNEVILLE.

Février.

Il fait encore bien froid au mois de février.

Mais les jours sont déjà un peu plus longs.

La nuit ne vient pas si vite.

Le matin, il fait jour un peu plus tôt.

— Février est le plus court des douze mois de l'année.

Il n'a que vingt-huit jours.

Le carnaval s'avance.

C'est le temps des bals, des soirées.

— J'aperçois déjà des perce-neige.

Les perce-neige sont les premières fleurs de l'année.

On les appelle ainsi parce qu'elles semblent percer la neige.

Les perce-neige, dites-vous, ne sont pas belles.

Non; mais on est bien aise de les voir.

Malgré ces fleurs, la campagne est encore bien nue, bien triste.

Les prairies n'ont point de verdure,

L'herbe ne paraît nulle part.

Nous sommes heureux d'avoir du fourrage pour les bestiaux.

Remercions aussi le bon Dieu de nous avoir donné du bois et du charbon pour nous chauffer.

Vous grelottez, car il fait froid.

Retournons vite à la maison.

Un bon feu nous y attend.

— Combien nous devons plaindre les pauvres dans cette saison rigoureuse!

Il y en a dont le foyer est sans feu, et qui ne sont vêtus que de véritables haillons.

Il y en a qui manquent de pain!

Mon ami, tâchons de les soulager, de leur faire quelques aumônes.

Les aumônes ne sont jamais perdues.

Donner aux pauvres, c'est prêter à Dieu, qui rend au centuple.

Dieu bénit les enfants qui assistent les pauvres.

Quel temps fait-il au mois de février?

Qu'avons-nous dit des jours?

De quelle fleur avons-nous parlé, et qu'en avons-nous dit?

Qu'avons-nous dit de la campagne?

En quoi les pauvres sont-ils plus à plaindre en février?

Que devrions-nous faire pour les pauvres?

Le Plaisir après le Devoir.

Voilà un mouchoir que maman m'a donné à ourler.

Elle m'a dit que je ne dînerais pas qu'il ne fût fini.

— Et moi, j'ai à faire ce bout de feston.

Je vais commencer tout de suite.

— Mais, Eugénie, il n'est que midi. On ne dîne qu'à cinq heures.

Nous avons tout le temps de jouer.

Il ne faut pas plus de deux heures pour faire ma tâche.

— Moi, j'aime mieux commencer par travailler.

Le jeu pourrait me faire oublier l'heure,

Et maman serait mécontente de moi.

— Voilà comme tu es ! Tu veux toujours faire à ta tête.

— Je ne t'empêche pas de jouer.

— Et moi je ne sais pas m'amuser toute seule.

— Je voudrais bien t'obliger,

Mais j'aime encore mieux contenter maman.

— Comme tu voudras.

J'attraperai de jolis papillons.

Je reviendrai à deux heures,

Et ma tâche sera faite tout comme la tienne.

Eh bien! mes enfants, l'ouvrage s'avance-t-il?

Comment! Eugénie, tu t'amuses avec ta poupée!

— Maman, j'ai fini mon feston.

— Et toi, Emma, comme te voilà rouge!

— Maman, c'est que je me dépêche.

— Voyons ton ouvrage.

Comment! tu es encore au premier côté.

Et tu fais de grands vilains points pour aller plus vite!

Comment se fait-il que tu sois si peu avancée?

— C'est que je voulais prendre mon ouvrage à deux heures.

J'étais au jardin, et je n'ai pas entendu la pendule.

— Et toi, Eugénie, à quelle heure t'es-tu mise à travailler?

— J'ai commencé par faire ma tâche,

Et après je me suis amusée.

— C'est toujours ainsi que tu dois faire.

Il faut d'abord penser à son devoir,

Le plaisir vient après.

Viens avec moi, on va se mettre à table.

Vous, Emma, on va vous envoyer un potage.

Je ne veux pas que vous jeûniez tout à fait.

Vous déferez ensuite ce que vous avez si mal fait

Et vous ne sortirez pas d'ici que votre mouchoir ne soit ourlé.

Madame de RENNEVILLE.

Mars.

Voici le mois de mars; il ne fait pas encore chaud.

Cependant la neige est déjà fondue, et le froid diminue.

Les jours sont beaucoup plus longs.

Ils sont aussi longs que les nuits.

Le ciel n'est plus aussi nuageux.

Le soleil est plus brillant.

Déjà les jardiniers travaillent à leurs jardins.

Quelques oiseaux commencent à faire leurs nids.

Mais le vent souffle bien fort.

Tenez-vous bien fort sur vos pieds,

Car le vent pourrait vous renverser.

Il renverse quelquefois des maisons et déracine des arbres.

Voyez ce gros chêne couché sur la terre :

C'est le vent qui l'a déraciné.

Pensiez-vous que le vent fût si fort et si terrible?

— L'herbe reparaît dans les champs.

La prairie et le gazon commencent à verdoyer,

— Les brebis ont déjà de petits agneaux.

On fait sortir chaque jour les brebis pour paître et prendre l'air.

Les entendez-vous bêler?

Elles reviennent vers la bergerie.

Elles appellent leurs petits agneaux.

Les agneaux les ont entendues.

Comme ils se pressent, en bêlant à leur tour, à la porte de la bergerie!

La porte s'ouvre : les voyez-vous courir auprès de leurs mères?

Chacun a reconnu la sienne au milieu du troupeau, aucun ne s'est mépris.

Ils sont tous bien contents.

— Quelle est cette fleur qui semble se cacher sous les feuilles et dans le gazon?

C'est une violette.

Comme elle embaume l'air!

Quelle douce odeur elle répand!

C'est la première fleur de l'année qui ait du parfum.

Cherchez bien dans les feuilles, et cueillez quelques violettes.

Vous en ferez un bouquet pour votre maman.

Qu'avons-nous dit des jours du mois de mars?
Quel temps fait-il au mois de mars?
Quel mal produit quelquefois le vent?
Quelle est la première fleur de l'année qui ait du parfum?

Qu'avons-nous dit de la violette?

De quels animaux avons-nous parlé et qu'en avons-nous dit?

Aimez la Propreté.

Allons, mes enfants, êtes-vous prêts à partir ?

Vous savez que je n'aime pas qu'on me fasse attendre.

— Papa, nous voici tous trois.

— Approchez, que je vous examine.

C'est bien, Adèle, te voilà fraîche comme une rose,

Et blanche comme la neige.

Et toi, Victor, ton teint est un peu brûlé du soleil ;

Mais tu n'en es pas moins propre.

Et Raimond, pourquoi ne s'avance-t-il pas ?

Ah ! je vois ce que c'est.

Vous avez raison de vous cacher, monsieur.

Qu'est-ce que c'est que ce visage couvert de crasse,

Et ces mains noires et terreuses !

Nicole, faites chauffer un bain.

Tandis que nous nous promènerons, monsieur aura le loisir de se débarbouiller.

Qu'il reste dans l'eau au moins une heure.

Madame de RENNEVILLE.

Avril.

Au mois d'avril le temps est doux.

Nous allons oublier le froid que nous avons éprouvé pendant les trois premiers mois de l'année.

Voyez-vous cet oiseau noir dont le vol est si rapide ?

C'est une hirondelle.

Sa présence annonce le retour du beau temps.

Elle a passé la moitié de l'année dans des pays chauds fort éloignés.

Elle est revenue chez nous quand elle a jugé qu'il ne faisait plus froid.

L'hirondelle mange et boit en volant.

Elle se nourrit de ces milliers d'insectes que l'air tiède et humide fait naître, et qui volent autour de nous.

Gardez-vous de faire du mal aux hirondelles !

Car c'est le bon Dieu qui nous les envoie pour nous délivrer de ces insectes incommodes et nuisibles.

— Les bourgeons paraissent aux arbres : bientôt les fleurs vont éclore.

Entendez-vous ces petits oiseaux chanter sur les arbres ?

Tristes et muets le mois dernier, ils célèbrent maintenant la venue des beaux jours.

La nourriture ne leur manque plus, comme dans l'hiver.

Le chant des oiseaux égaye tout le monde.

On l'écoute avec plaisir.

On ne voit plus d'épais brouillards.

Il pleut souvent, mais souvent aussi,

même pendant la pluie, le soleil brille d'un doux éclat.

Comme cette pluie tiède et ce temps doux vont faire pousser les plantes et les fleurs !

Quelques arbres se couvrent déjà de feuilles tendres.

On regarde ces premières feuilles avec un plaisir extrême.

Les fleurs sont maintenant moins rares, et elles ont plus d'odeur.

Quel temps fait-il au mois d'avril?

Quel oiseau remarque-t-on, et qu'annonce sa présence?

Comment mange et boit l'hirondelle?

Quel bien font les hirondelles?

Qu'avons-nous dit du chant des oiseaux?

Que remarque-t-on sur les plantes et sur les arbres?

Qu'avons-nous dit de la pluie?

Soyons discrets.

Qu'as-tu, Victoire? je vois que tu viens de pleurer.

— Maman, j'ai bien du chagrin, je t'assure.

Qu'est-ce donc qui t'afflige ?

— C'est que mon frère et ma sœur ne m'aiment pas du tout.

— Pourquoi penses-tu cela, mon enfant ?

— Oh ! je m'en aperçois bien.

Ils ont toujours tout plein de choses à se dire en cachette.

Et quand j'arrive ils se taisent bien vite,

Et ils se font signe de ne plus rien dire.

— C'est peut-être ta faute.

Comment cela, maman ?

— N'es-tu pas quelquefois indiscrète ?

Ne t'est-il pas arrivé de répéter ce qu'ils t'avaient dit en confidence ?

— Je ne m'en souviens pas.

— Eh bien, moi, j'ai plus de mémoire.

Jenny tricotait une jolie bourse pour votre cousine.

C'était pour le jour de sa fête.

Elle se faisait un plaisir de la surprendre.

Tu le dis à Rosa.

Cela mortifia beaucoup ta sœur.

Jules avait appris un joli couplet.

Il devait le chanter à votre papa au jour de l'an.

Tu en avais saisi quelque chose,

Et tu le fredonnais sans cesse devant nous.

Quand tu seras moins bavarde,

Quand tu sauras garder un secret,

Ton frère et ta sœur ne se cacheront plus de toi.

Madame de Renneville.

Mai.

Oh! le joli mois que le mois de mai!

C'est le mois le plus agréable de l'année.

Le soleil se lève de bonne heure,

Les jours sont beaucoup plus longs.

— L'aubépine est en fleurs.

Son parfum embaume les haies.

Que ce parfum est doux à respirer!

— Voyez ces jolis papillons qui voltigent sur les fleurs.

Ils ont de quoi choisir, toute la terre en est émaillée, tous les arbres en sont couverts.

— Regardez les arbres.

Ils ont à présent un bel habit.

Des feuilles vertes et tendres les couvrent jusqu'à la *cime*.

La partie la plus élevée, la plus haute d'un arbre, se nomme la cime, le *sommet*.

On dit la cime, le sommet d'un arbre.

— Voilà un petit garçon qui grimpe sur un arbre.

— Que va-t-il y faire?

— Il va chercher un nid.

Le voilà au sommet de l'arbre.

Il y a trouvé un nid.

Le voilà qui descend; il est descendu.

Allez lui demander à voir le nid qu'il a trouvé.

— Les pauvres petits oiseaux!

Ils n'ont pas encore de plumes.

Leur père et leur mère seront bien fâchés de ne plus voir leurs petits.

Les entendez-vous se plaindre sur l'arbre voisin?

Petit garçon, vous laisserez peut-être mourir ces pauvres petits oiseaux?

— Non, madame, je veux en avoir bien soin.

Je leur donnerai souvent à manger avec une plume.

Que donne-t-on à manger aux jeunes oiseaux?

— On leur donne de la mie de pain trempée dans du lait.

Et, quand ils sont grands, du chènevis et du millet.

— Faisons un tour dans la prairie.

Comme l'herbe est haute et verdoyante!

Quelle nourriture abondante pour les

bœufs, les vaches, les moutons et les chevaux !

Aussi voyez-les bondir au milieu de ces riants pâturages.

Qu'ils paraissent heureux de paître ainsi l'herbe tendre et fleurie !

Que pense-t-on du mois de mai?

De quelle fleur avons-nous parlé en particulier et qu'en avons-nous dit?

De quels animaux avons-nous parlé à propos de fleurs, et qu'en avons-nous dit?

Qu'avons-nous dit des arbres?

Qu'est-ce que le sommet d'un arbre?

Qu'avons-nous dit d'un petit garçon?

Qu'avons-nous dit des oiseaux?

Qu'avons-nous dit du père et de la mère de ces jeunes oiseaux?

Qu'avons-nous dit de la prairie?

Qu'avons-nous dit des animaux que nous avons vus dans la prairie?

Les Singes.

Maman, viens donc te mettre à la croisée.

Voilà un ours qu'on va faire danser.

Il y a deux petits singes sur son dos.

Oh ! comme ils sont laids!

Ah ! maman, regarde donc :

Ils font tout ce qu'ils voient faire.

En voilà un qui imite les grimaces que lui fait ce monsieur,

Et l'autre se courbe comme cette vieille femme.

Il tousse et crache comme elle.

— Sais-tu, Virginie, à qui ressemblent ces vilaines bêtes?

— A qui donc, maman?

— A toi-même quand tu t'amuses à contrefaire les autres,

A imiter leur démarche ou leur manière de parler.

— Mais, maman, je fais rire tout le monde.

Cela me fait plaisir de faire rire les autres.

— C'est-à-dire que tu veux tout à fait ressembler aux singes.

Tu entends les éclats de rire de ceux qui les entourent :

Mais ils n'amusent que par l'excès de leur laideur.

— Maman, je ne veux plus me rendre laide comme eux.

Je te promets de ne plus contrefaire personne.

— Tu me feras grand plaisir, et je t'en aimerai davantage.

Juin.

Au mois de juin, le temps est magnifique.

Le ciel est presque toujours serein, c'est-à-dire sans nuages.

Un vent frais et léger tempère la chaleur du jour.

Le 21 juin est le jour le plus long de l'année.

Après le 21 juin, les jours diminuent.

— Vous avez bien fait de vous lever de bonne heure.

Allons nous promener dans le jardin.

Nous y cueillerons des fraises.

Elles sont mûres maintenant.

En voilà une bien belle.

Cueillez-la, et mangez-la.

— Quel est ce petit arbre chargé de petites grappes?

— Ce n'est point un arbre, mon enfant.

C'est un arbuste qu'on nomme groseillier.

Il est justement de votre taille.

Cueillez quelques grappes de groseilles; je vous permets d'en manger.

Voilà un beau cerisier.

Les cerises sont mûres aussi.

Quel joli fruit! nous en mangerons à dessert.

Vous ne pourrez point cueillir des cerises.

Le cerisier est trop haut.

Je vais tâcher d'en atteindre une branche.

Je la tiens. Cueillez maintenant.

Les petits oiseaux les ont becquetées.

Elles n'en sont pas plus mauvaises.

Les petits friands savent bien choisir les meilleures.

Les fraises, les cerises et les groseilles sont les premiers fruits de l'année.

Ces fruits sont délicieux et très sains quand ils sont bien mûrs.

Mais les petits garçons qui en mangent quand ils sont encore verts, peuvent se rendre bien malades.

Ils risquent même d'en mourir.

Ne marchez pas dans ce carré, mon ami.

Il est rempli d'asperges.

Voilà de beaux artichauts.

Comme le jardinier est content !

Son jardin, rempli de beaux et bons légumes, le récompensera des peines qu'il s'est données pour le bien cultiver.

Quel temps fait-il au mois de juin ?

Qu'avons-nous dit du 21 juin ?

De quel arbuste avons-nous parlé, et comment est-il grand ?

De quels fruits avons-nous parlé, et qu'en avons-nous dit ?

Que risque-t-on en mangeant des fruits verts?

De quelle personne avons-nous parlé, et qu'en avons-nous dit?

Qu'avons-nous dit des petits oiseaux ?

Le petit Chien.

Maman, veux-tu me permettre de garder ce chien?

— Ah! comme il est laid et crotté!

— C'est vrai, mais il est malheureux. De méchants enfants le traînaient avec une corde.

Ils voulaient le jeter à la rivière.

Et lui lancer des pierres quand il chercherait à gagner le bord.

Ils disaient que cela les amuserait beaucoup.

J'ai eu grand'pitié du pauvre animal.

Tu sais bien que tu m'avais donné douze sous.

— Oui, mon fils, pour acheter un tambour.

Tu en avais grande envie.

— Maman, j'ai eu encore plus d'envie de sauver la vie de ce chien.

J'ai proposé mes douze sous aux méchants garçons.

Et ils me l'ont vendu.

— C'est bien, mon cher Félix :

Tu te prives d'un tambour qui eût bientôt été cassé.

Et tu as gagné un ami qui te sera toujours attaché.

Ainsi ta bonne action sera récompensée.

Garde ce chien, aies-en bien soin.

Et ne le maltraites jamais.

— Je te remercie, maman.

Je vais laver mon Azor et peigner ses soies.

Quand il sera propre, tu verras qu'il ne sera pas si laid.

Madame de RENNEVILLE.

Juillet.

Que la chaleur est grande au mois de juillet !

Prenons des vêtements plus légers et plus frais.

Les fleurs sont beaucoup plus rares et moins brillantes qu'en mai et en juin.

— Comme les feuilles des plantes sont jaunes ! comme elles languissent !

Il faudra les arroser avec soin.

Vous préparerez des arrosoirs.

— Le soleil n'a pas encore été si brûlant.

Vous êtes bien fatigué : vous avez bien soif, n'est-ce pas ?

Eh bien, allons nous asseoir à l'ombre du grand peuplier, près de la fontaine.

L'eau en est très fraîche ; vous pourrez vous désaltérer.

Mais attendez quelque temps encore.

Il ne faut jamais boire bien frais quand on a très chaud.

Cela peut donner de graves maladies.

— Voyez ces vaches et ces bœufs.

Les pauvres bêtes ! elles ont chaud comme nous.

Comme nous elles cherchent l'ombre et le frais.

Elles ont soif également.

Pendant les grandes chaleurs, elles sont tourmentées par les vilaines mouches, qui s'attachent à leur peau et leur font de cruelles piqûres.

— Voyez-vous tous ces paysans là-bas dans la prairie?

Allons voir ce qu'ils font.

Ce sont des faucheurs qui coupent le foin.

N'approchez point des faucheurs :

Leur faux pourrait vous couper les jambes.

Voyez comme elle coupe le foin et les tiges jaunes qui sont parmi le foin.

— Il est près de onze heures.

Rentrons à la maison.

Nous y trouverons de bons fruits pour nous rafraîchir.

Voilà des abricots, des prunes, des figues, des melons.

Les poires et les pêches vont bientôt mûrir.

— Il y a longtemps qu'il n'est tombé une goutte de pluie.

La pluie viendrait bien à propos.

Ne manquons pas d'arroser tous les jours les plantes de notre jardin,

---

Quel temps fait-il au mois de juillet?

Que fait-on pour se garantir de la chaleur?

Qu'avons-nous dit des fleurs?

Qu'avons-nous dit des plantes?

Quel besoin éprouve-t-on, le plus souvent, quand il fait chaud?

Peut-on toujours boire frais sans danger?

Qu'arrive-t-il de désagréable aux bœufs et aux chevaux pendant la chaleur?

De quelles personnes avons-nous parlé, et qu'en avons-nous dit?

De quels fruits avons-nous parlé?

La Colère.

Regarde, maman, cette vilaine femme.

Oh! comme elle est affreuse!

Les yeux lui sortent de la tête.

Elle n'a plus de bonnet.

Ses cheveux sont épars sur ses épaules.

Ah! voilà qu'elle veut battre une autre femme.

Elle met ses poings sur ses côtés.

Pourquoi donc est-elle en cet état?

— C'est qu'elle est en colère.

Tu as bien raison de dire qu'elle est affreuse.

Te souviens-tu que l'autre jour tu te mis aussi en colère?

Tu frappais du pied, et tu étais rouge comme mon châle.

Je te punis sévèrement.

Tu vois que j'avais raison.

Si je laissais croître ce vice avec toi, tu ressemblerais un jour à cette malheureuse.

Tu ferais horreur à voir.

Tu serais haïe et méprisée de tout le monde.

— Ah! maman, que j'en serais fâchée!

Je t'assure que je me corrigerai.

Quand j'aurai envie de me mettre en colère,

Je penserai à ce que je viens de voir.

Madame de RENNEVILLE.

Août.

Enfin nous voilà au mois d'août.

La chaleur est toujours brûlante.

On fait la moisson partout.

Tout le monde trouve à travailler dans la campagne.

Allons voir les moissonneurs.

Voilà de l'orge et voici du blé.

— Voyez-vous cette vieille femme?

Une jeune fille est avec elle.

Leurs vêtements sont tout déchirés.

Il faut qu'elles soient bien pauvres!

Elles cherchent à terre les épis échappés aux moissonneurs.

On appelle cela *glaner*.

Cette vieille femme et cette jeune fille sont des *glaneuses*.

Ces gros paquets d'épis se nomment gerbes.

Donnons une gerbe à cette pauvre femme.

Prenez, prenez, pauvre femme.

Voilà de quoi vous aider à faire du pain.

— Les pêches mûrissent.

On en peut déjà manger.

La pêche est un fruit à noyau.

La pêche est un bon fruit.

N'en mangez pourtant pas trop.

Certaines poires jaunissent.

La poire est un fruit à pepins.

Elles seront bientôt mûres.

La poire est un fruit excellent.

Il y a beaucoup d'espèces de poires.

— Nous voilà sous une treille.

Voyez quelles belles grappes de raisin!

Les grains en sont déjà bien gros.

Il y en a qui sont un peu rouges.

Ceux-là commencent à tourner.

En voilà une grappe presque noire.

Le raisin est un fruit à pepins.

— Au mois d'août commencent les vacances.

Les jeunes gens sortent de leurs pensions pour aller voir leurs parents.

Les élèves laborieux sont bien contents.

Ils emportent des prix et des couronnes.

Ils seront bien reçus de leurs parents.

Les paresseux seront bien honteux.

Ils seront grondés en arrivant à la maison.

Personne n'aime les paresseux.

Un paresseux n'est bon à rien.

Tous les paresseux sont malheureux.

Quel temps fait-il au mois d'août?

Que fait-on dans la campagne au mois d'août?

De quels grains avons-nous parlé?

Qu'avons-nous dit d'une vieille femme et d'une jeune fille?

Qu'est-ce que glaner?

Qu'est-ce qu'une gerbe?

Qu'avons-nous dit des pêches?

Qu'avons-nous dit des poires?

Qu'avons-nous dit du raisin?

Qu'est-ce qu'un raisin qui tourne?

Qu'arrive-t-il de remarquable au mois d'août pour les jeunes gens?

Quels sont les élèves les plus heureux aux vacances?

Que pensez-vous des paresseux?

Les petites Glaneuses.

Vois-tu, maman, ces petites paysannes qui suivent les moissonneurs?

Pourquoi ramassent-elles les épis qui sont tombés?

— Pour les porter à leurs parents.

Ceux-ci font moudre le grain.

Ils en tirent de la farine pour faire du pain.

— Ces petites filles sont bien heureuses !

— En quoi, je te prie ?

— Elles sont toute la journée dans les champs.

Cela est bien plus amusant que d'être sur une petite chaise,

A coudre ou à tricoter.

Je voudrais bien être à leur place.

— Il faut en essayer. Va aider cette pauvre enfant qui paraît si fatiguée.

Dis-lui de se reposer, et de te laisser travailler pour elle.

— J'y vais, ma petite maman. Oh ! comme je vais me divertir !

Ah ! mon Dieu, je n'en puis plus ; je suis tout en nage !

J'ai grand mal au dos, et je meurs de soif !

— Il n'y a pourtant pas plus d'une demi-heure que tu glanes.

— Maman, je voudrais bien boire un verre de sirop.

— Ces enfants dont tu envies le sort n'ont que de l'eau à boire.

Ils supportent toute la chaleur du jour.

Ils travaillent sans relâche.

Toi, qui couds ou qui tricotes deux heures dans la journée, tu oses te plaindre !

— Oh ! maman, cela ne m'arrivera plus.

J'aurai plutôt grand'pitié de ces pauvres petites.

Et je ferai ma tâche de bon cœur.

Madame de Renneville.

Septembre.

Le mois de septembre est arrivé.

Les jours sont beaucoup plus courts.

Comme en mars, ils sont égaux aux nuits.

La chaleur est bien diminuée.

Bientôt nous entendrons encore souffler le vent.

— Allons dans les bois chercher des noisettes.

Il y en a beaucoup cette année.

— Comment appelle-t-on l'arbre qui produit les noisettes?

— On l'appelle noisetier ou coudrier.

Ne cassez point les branches en cueillant les noisettes.

Les branches cassées ne donnent pas de fruit.

Mangez maintenant des noisettes.

Ne cassez pas les noisettes avec les dents.

Servez-vous du casse-noisettes.

— On fit hier l'ouverture de la chasse.

La chasse est ouverte :

C'est-à-dire qu'il est permis de chasser.

Les cailles et les perdrix ont beau se cacher.

Les chiens savent les découvrir.

Leurs ailes ne peuvent les garantir du fusil du chasseur.

— Les poires et les pêches sont bien mûres.

Je vous permets d'en manger.

Le raisin est mûr aussi.

Voyez les belles grappes !

Il reste encore quelques melons.

C'est dans le mois d'août que l'on mange les meilleurs.

Le melon est un fruit sucré, savoureux et plein de fraîcheur.

Mais il faut en manger peu.

Le melon mangé avec excès est dangereux.

— Voilà beaucoup de pommes.

Elles ne sont pas toutes bonnes à manger.

Avec certaines pommes on fait du cidre.

Le cidre est la boisson ordinaire des Bretons, des Normands et des Picards.

Avec les poires on fait une boisson qui se nomme poiré.

Le cidre et le poiré purs moussent comme le vin de Champagne.

Quelquefois même ils cassent les bouteilles.

Beaucoup de fruits servent à faire des confitures.

Vous connaissez les confitures.

C'est un mets délicieux.

Votre maman vous en donne quand vous travaillez bien.

Les deux Pêches.

Approchez, mes enfants, je viens de cueillir deux belles pêches, et, comme vous avez été bien sages, en voici à chacune une.

— Je te remercie, ma bonne maman.

— Et toi, Louise, tu ne me dis rien?

— Celle de Fanny est plus grosse que la mienne.

— Tu te trompes, elles me paraissent égales.

— Mais non, regarde plutôt : je ne veux pas de celle-ci.

— Je ne reprendrai pas à ta sœur celle que je lui ai donnée.

— Tiens, Louise, puisqu'elle te fait

plaisir, je te la cède de bon cœur.

— Donnne-moi ton couteau pour ouvrir la mienne.

— Le voilà.

— Ah ! qu'est-ce que cela? Le noyau est ouvert ; il en sort une quantité de vilaines petites bêtes toutes noires ; elles ont mangé presque tout, et le reste est malpropre.

— Ces petites bêtes se nomment des fourmis ; elles se nourrissent de fruits : il faut bien qu'elles vivent.

— Oui, mais je n'ai plus de pêche.

— J'en suis fâchée pour toi ; si tu n'avais pas été si envieuse de celle de ta sœur, cela ne serait pas arrivé.

Madame de Renneville.

Octobre.

Les feuilles des arbres jaunissent.
Déjà la terre en est jonchée.
Il fait frais le matin et le soir.
On cherche des habits plus chauds.

Les jours deviennent toujours plus courts.

— Voyez comme les hirondelles sont nombreuses !

Elles se réunissent ainsi pour partir.

Leur départ annonce la fin du beau temps.

— Mais qui leur apprend ainsi à partir avant le retour du froid ?

— C'est le bon Dieu, mon enfant

C'est Dieu qui a tout fait avec une sagesse infinie.

C'est Dieu qui soutient tout par sa puissance.

C'est Dieu qui nous pourvoit de tout par sa bonté.

N'oublions iamais de l'en remercier.

— Il y a peu de fleurs dans le parterre.

On a cueilli tous les fruits du verger.

On les conserve dans la *fruitèrie*, pour les manger en hiver.

La promenade est encore agréable.

— La campagne n'est pas tout à fait dépourvue de fruits.

Regardez aux noyers, ils sont couverts de noix.

Que de châtaignes aux châtaigniers!

Les châtaignes ne sont pas encore mûres.

Mais les noix sont bonnes à présent.

Voilà justement une *gaule*.

Je vais *gauler* des noix.

Gauler des noix, c'est en faire tomber de l'arbre avec une gaule.

Une gaule est un gros bâton très long.

On gaule aussi les pommes, les châtaignes, les amandes.

Voyez la grosse noix!

Elle est encore couverte d'une enveloppe verte.

L'enveloppe verte, ou écaille de la noix, se nomme *brou*.

Ne touchez pas le brou de la noix;

Il salirait vos doigts, et pour longtemps.

Le brou des noix sert à faire une couleur que l'on emploie à peindre les portes, les volets.

Frappez votre noix avec une pierre.

Voyez comme le brou s'en est détaché.

Ouvrez maintenant la noix avec votre couteau.

N'allez pas vous blesser !

Gardez les coquilles pour jouer.

Vous en ferez des bateaux.

— Dans les pays où il y a des vignes, on cueille maintenant le raisin pour en faire du vin.

Cela s'appelle *vendanger*.

— Voyez-vous tous ces laboureurs dans la campagne?

Ils labourent leurs terres.

Déjà même les semailles sont commencées.

Ne voyez-vous pas aussi un grand nombre de laboureurs qui ensemencent leurs champs?

Demain notre fermier ensemencera son grand *enclos*.

Qu'est-ce qu'un enclos?

Un enclos est une terre entourée de murs, ou d'une haie, ou de planches.

L'enclos touche ordinairement à la ferme.

Ne cherchez pas à inspirer l'envie.

Ah! ah! Minet, je vois que tu as grande envie de mon souper.

Tu ne l'auras pas, mon ami.

Ma bonne a fait frire cette petite sole :

C'est pour Tomy, ce n'est pas pour Minet.

Regarde comme elle est rissolée!

Je la tiens par la queue, attrape si tu peux.

Ah! maman, Minet a emporté ma sole!

Il est allé se cacher sous le lit.

Prends donc un bâton pour le faire

sortir, et qu'il me rende mon poisson.

—Quand on pourrait le lui arracher, il serait trop sale.

Tu ne saurais le manger.

— Donne-moi donc une autre sole.

— Non, mon fils; je n'ai pas autre chose à te donner.

Si tu as faim, tu peux manger ton pain.

— Je ne veux pas manger du pain sec quand je n'ai pas été méchant.

— Tu as été méchant envers Minet.

— Comment cela, maman?

— Tu as voulu lui faire envie en lui montrant ton poisson, qui n'était pas pour lui.

Il fallait lui dire : Attends, petit ami,

Je vais te donner la tête et les arêtes de mon poisson.

De cette façon, chacun aura ce qui lui convient.

Quand tu n'es pas sage, je te prive quelquefois de dessert.

Si ta sœur te disait : Regarde mon gâteau et ma grosse poire;

Ce n'est pas pour Tomy, c'est pour Annette,

Ne trouverais-tu pas cela vilain?

Ne serais-tu pas fâché contre ta sœur?

— C'est vrai, maman; je veux bien manger mon pain sec.

C'est juste, puisque j'ai été méchant envers Minet.

Madame de RENNEVILLE.

Novembre.

Que le mois de novembre est triste!

N'espérons plus de beaux jours.

Un brouillard épais obscurcit le ciel.

Les dernières feuilles tombent des arbres.

Vainement nos regards cherchent-ils une fleur.

La campagne n'offre plus que l'image de la désolation.

Adieu nos jolies promenades!

La pluie et la neige vont nous retenir à la maison pour longtemps.

Approchons-nous de la fenêtre.

Voyez-vous cette longue file d'oiseaux qui traversent les airs ?

Ce sont des grues.

Elles volent toujours dans le même ordre ; leur troupe forme une sorte de compas ouvert.

Elles viennent des pays froids, et vont chercher un climat où l'hiver soit moins rigoureux.

Elles font ce voyage deux fois par an.

Vers le mois de mars, elles repasseront pour retourner dans les contrées qu'elles viennent de quitter.

Les grues ne sont pas les seuls oiseaux qu'on appelle oiseaux voyageurs, oiseaux de passage.

— Quels sont ces autres oiseaux qui s'abattent dans le marais voisin ?

— Ce sont des canards sauvages.

Le canard sauvage et la bécasse sont aussi voyageurs.

Ces oiseaux, en passant dans nos contrées, nous annoncent l'approche de la froide saison.

— Comment allons-nous passer notre temps?

Nous lirons de jolies histoires au coin du feu.

Nous cultiverons quelques fleurs sur notre cheminée.

Ces fleurs, en charmant nos yeux, nous rappelleront des temps plus doux.

Mais aussi vous me promettez de bien travailler, n'est-ce pas?

Chaque jour vous ferez deux belles pages d'écriture.

Vous étudierez quelque leçon nouvelle,

Et, quand votre tâche sera remplie, nous pourrons jouer au volant dans le salon.

Voyez-vous ces deux belles raquettes et ce joli volant?

Travaillez avec soin, nous les essayerons dès cette après-midi.

Je suis sûr que ce jeu vous plaira beaucoup.

Les bons petits enfants.

Maman, vois-tu ces pauvres enfants qui courent dans la neige?

Ils n'ont ni bas ni souliers.

— J'en ai grand'pitié.

— Et moi aussi, maman; j'ai envie de pleurer de les voir si malheureux.

— Eh bien, mes enfants, il y a des gens encore plus à plaindre.

— Qui donc, maman?

— Approche, Armand, et toi aussi, Charlotte.

Voyez-vous, à la porte de l'épicier du village,

Une jeune femme tenant un enfant dans ses bras?

Deux autres la suivent.

Elle demande un morceau de pain.

On ne lui en donne pas toujours.

Souvent ses petits enfants pleurent.

Ils demandent à manger, ils ont faim,

Et la pauvre mère n'a rien à leur donner.

C'est celle-là, mes amis, qui est malheureuse.

— Pourquoi ne lui donnes-tu pas un pain?

— Je le voudrais, ma fille : un pain toutes les semaines la rendrait heureuse.

Mais je ne suis pas riche. Il faut que je songe aux besoins de ma famille.

— Maman, tu nous donnes tous les jours deux sous à chacun.

— C'est pour acheter un gâteau et le manger à la promenade.

— Deux sous à ma sœur et deux sous à moi font quatre sous.

Quatre sous par jour, combien cela fait-il par semaine?

Cherchez vous-mêmes, mes enfants; vous savez compter jusqu'à trente.

Voyons donc : il y a sept jours dans la semaine.

Bon! voici des haricots; je vais m'en servir pour compter.

Je fais sept tas, et j'en mets quatre dans chacun.

Laisse-moi compter, mon frère.

Je crois que je trouverai bien :

Quatre et quatre font huit; huit et quatre font douze;

Douze et quatre font seize; seize et quatre font vingt;

Vingt et quatre font vingt-quatre;

Vingt-quatre et quatre font vingt-huit.

— C'est fort bien compté, Charlotte.

— Eh bien, maman, pour vingt-huit sous, peut-on acheter un grand pain?

— Oui, un pain de sept livres.

— Maman, ma sœur et moi nous ne voulons plus de gâteaux.

Nous voulons donner, toutes les semaines, un pain à la pauvre mère

— Vous en êtes les maîtres, mes enfants.

Je sens que cela vous fera beaucoup de plaisir.

De nourrir ces pauvres petits.

Je vais appeler la mère.

Vous lui annoncerez cette bonne nouvelle.

Madame de RENNEVILLE.

Décembre.

Décembre est le dernier des douze mois de l'année.

Les brouillards sont plus épais et plus froids.

On n'entend plus aucun oiseau.

Qu'est devenu le rossignol avec ses doux chants?

Comme l'hirondelle et les autres oiseaux voyageurs, le rossignol est parti pour des contrées moins froides.

Nous le verrons de retour quand renaîtra la saison des fleurs.

Nous l'entendrons chanter encore les charmes de la verdure et des fleurs.

Déjà les ruisseaux se couvrent de glace.

Il neige. Comme la neige est blanche!

La blancheur de la neige éblouit les yeux.

Allez faire une balle de neige.

Approchez-la du feu. Comme elle fond!

La voilà toute fondue : il ne reste plus que de l'eau.

C'est maintenant qu'il faut s'habiller bien chaudement.

Fermons bien nos portes et nos fenêtres.

Ne laissons pas le froid pénétrer dans notre chambre.

Que ferons-nous pendant le mois de décembre?

Ce que nous avons fait en novembre.

Nous continuerons à bien lire, à bien écrire, à raconter de jolies histoires,

Et quand le temps ne sera pas trop mauvais, nous irons voir les chevaux à l'écurie, les moutons dans la bergerie, les vaches à l'étable.

Nous porterons à manger aussi à la volaille dans le poulailler.

C'est dans le courant de ce mois qu'il se faut préparer au premier jour de l'an.

— Eh bien! Rosine, qu'allez-vous faire pour vos parents, qui vous aiment si tendrement?

Je veux apprendre quelques fables bien jolies,

Puis je les écrirai de mon mieux sur du beau papier,

Et, en souhaitant la bonne année à papa et à maman, je leur réciterai ces fables, et je leur en remettrai la copie.

— Et vous, Zoé, que ferez-vous?

— J'apprendrai aussi des fables, et, de plus, comme je commence à broder, je ferai deux belles bourses,

Et je les offrirai à papa et à maman.

— C'est bien, mes enfants. Mettons-nous donc à l'ouvrage.

Il vaut mieux avoir fini plus tôt que plus tard.

Si vous faites bien ce que vous promettez, quel plaisir vous ferez à vos bons parents!

Et qu'ils seront heureux de vous donner de jolies étrennes!

Ces étrennes vous seront bien agréables, parce que vous les aurez bien méritées.

Soulageons les personnes âgées.

— O ciel! Charles, commme te voilà fait!

Tout en nage et tout haletant;

Tes cheveux collés par la sueur qui coule de ton front;

Tes habits tout poudreux!

Tu me diras, sans doute, d'où tu viens?

— Maman, je viens du village.

— Où tu as fait une belle partie de jeu avec les petits paysans.

Je veux bien que tu t'amuses, mais pas avec cet excès.

— Maman, je t'assure que je n'ai pas joué.

— Comment t'es-tu donc mis en cet état?

— Je vais te le dire : Tu connais la mère Michel?

— Oui, mon fils, c'est une femme bien respectable,

— Et si vieille! si vieille!

— C'est vrai. Je crois qu'elle est la plus âgée de la paroisse.

— Un de ses parents lui a envoyé un demi-cent de cotrets.

Pour qu'elle puisse se chauffer cet hiver.

Le voiturier les a jetés à sa porte.

Tu sais qu'elle est bien pauvre.

Elle n'avait pas d'argent à donner pour se faire porter son bois.

Elle a voulu le porter elle-même dans son bûcher.

Elle a porté trois ou quatre cotrets, et puis elle est tombée sur sa chaise, n'en pouvant plus.

Je lui ai dit : Restez tranquille, ma bonne mère,

Ne vous embarrassez pas, je vais placer vos cotrets.

— Oh! non, mon petit monsieur, je ne le souffrirai pas.

J'aurais trop peur que vous ne vous fissiez du mal.

— Je les porterai un à un ; ainsi il n'y a pas de risque.

Alors, maman, je me suis mis à l'ouvrage.

J'avais peur de ne pas finir avant la nuit ;

Mais j'ai vu passer le petit Colin,

Je l'ai appelé, et il a bien voulu m'aider.

— C'est fort bien, mon enfant, je crois que tu es fatigué ;

Mais, quand tu auras dormi, il n'y paraîtra plus.

Au lieu que, si la vieille Michel avait rangé son bois,

Elle se fût rendue fort malade.

Elle eût eu des douleurs pendant bien longtemps.

Elle eût peut-être été obligée de garder le lit.

— Oh ! maman, je suis content.

Je lui ai fait encore plus de bien que je ne le croyais.

Les quatre Saisons de l'année.

Le temps ne reste pas toujours le même.

Il change souvent dans l'année.

Il fait tantôt chaud et tantôt froid.

Tantôt le temps est trop sec ;

Tantôt il pleut, il neige, il grêle.

Le chaud et le froid ont fait diviser

l'année en quatre parties ou saisons.

La saison de l'année pendant laquelle il fait très froid se nomme l'*hiver*.

La saison de l'année pendant laquelle il fait très chaud se nomme l'*été*.

Après l'hiver, quand il ne fait plus froid et qu'il ne fait pas encore chaud, c'est le *printemps*.

Après l'été, quand il ne fait plus très chaud et qu'il ne fait pas encore froid, c'est l'*automne*.

Le printemps, l'été, l'automne et l'hiver sont les quatre saisons de l'année.

Chaque saison dur etrois mois.

L'été et l'hiver sont les saisons extrêmes.

Le printemps et l'automne sont les saisons tempérées.

Les saisons extrêmes sont ordinairement désagréables par l'excès de la chaleur ou de la froidure.

Les saisons tempérées sont généralement agréables, à cause de la douceur de la température.

L'état de l'air quant au chaud, au froid, à l'humidité et à la sécheresse, se nomme température.

Le printemps commence vers le 21 mars.

L'été commence vers le 21 juin.

L'automne commence vers le 21 septembre.

L'hiver commence vers le 21 décembre.

Au printemps, il ne fait ni froid ni chaud.

C'est la saison des fleurs.

En été, il fait bien chaud.

C'est la saison des moissons.

En automne, il ne fait ni chaud ni froid.

C'est la saison des derniers fruits.

En hiver il fait très froid.

La terre se repose.

Combien y a-t-il de saisons dans l'année?
Dites le nom des saisons de l'année.

Félicie.

Oh! que je suis contente!

Voilà que je sais ma leçon,

Et ma tâche qui est finie.

Maman m'embrassera de tout son cœur.

Elle me mènera promener avec elle.

Et toi aussi, ma petite sœur, car tu as bien travaillé.

— Oui, mais je ne suis pas sûre comme toi d'être récompensée.

— Pourquoi donc, Félicie?

— C'est que maman ne m'aime pas autant que toi.

— Qu'est-ce qui te donne cette vilaine pensée?

— Il y a longtemps que je m'en aperçois.

Je suis grondée bien plus souvent que toi.

— J'arrive à propos, Félicie, pour répondre à tes plaintes.

Voyons, qu'as-tu à me reprocher?

— Rien du tout, maman ; je crois seulement que tu aimes mieux ma sœur que moi.

— Et cela parce que tu me donnes plus souvent sujet de te reprendre.

Adèle a toujours peur de me désobliger, de me faire de la peine.

Aussi elle s'applique à tout ce qu'elle fait pour me satisfaire.

Je ne puis m'empêcher de l'en louer, Et de te blâmer de ton peu d'attention.

Je t'aimerais bien peu, si je ne cherchais à corriger tes défauts.

Tu ne saurais de ta vie rien faire de bien.

Quand je ne te reprendrai plus, c'est que je ne me soucierai plus de toi.

— Maman, c'est donc par amitié que tu me grondes?

— N'en doute pas.

— Oh bien ! je ne me plaindrai plus de l'être.

Pourvu que tu m'aimes, je suis contente.

— Il faut faire encore mieux, ma chère Félicie.

Il faut imiter l'application de ta sœur ;

Alors tu ne seras plus grondée,

Et je t'aimerai encore mieux.

Il ne faut pas être non plus jalouse,

Comme ce méchant Caïn, dont je t'ai dit l'histoire.

— C'est vrai, maman, j'allais lui ressembler.

— Le bon Dieu l'aurait aimé autant que son frère, s'il avait été aussi bon.

Il se plaignait du bon Dieu, et c'était sa faute.

Madame de RENNEVILLE.

Le Printemps.

Au printemps, les arbres et les plantes fleurissent.

La verdure renaît à vue d'œil.

Il ne fait plus froid.

La chaleur n'est pas encore incommode.

Qu'il est agréable alors de se promener dans la campagne !

Les fleurs répandent de toutes parts leur doux parfum.

Les oiseaux gazouillent dans les bosquets.

Ils commencent à faire leurs nids.

Les troupeaux paissent dans les prairies.

Les agneaux bondissent près de leurs mères, les brebis.

Les poulains en font autant près des juments, leurs mères.

Tout inspire la gaieté.

Les pauvres gens, qui ont tant souffert du froid et du manque d'occupation pendant l'hiver, ne sont plus si malheureux.

Ils trouvent facilement de l'ouvrage.

Ils n'ont plus besoin de feu pour se chauffer.

Les gens riches quittent la ville.

Ils vont à la campagne.
On y respire un air plus pur;
On y goûte des plaisirs plus calmes.

Henriette.

Es-tu contente de ta promenade, Henriette?

— Oui, maman.

— De quel côté ta bonne t'a-t-elle menée?

— Sur le boulevard du Temple.

— As-tu vu de jolies choses?

— J'ai vu de petits sauteurs.

Ils avaient des tuniques toutes pailletées.

Ils ont étendu un tapis sur la terre, et puis ils ont fait toutes sortes de tours.

Ils marchaient sur les mains et la tête en bas.

J'avais bien peur qu'ils ne se fissent du mal.

J'ai prié ma bonne d'aller plus loin.

Nous avons entendu de jolie musique.

Cela m'amuse, et ne me fait pas peur.

— Toutes ces belles choses t'ont fait oublier de m'embrasser en arrivant.

— Oh! non, maman, mais je ne le peux pas.

— Pourquoi donc, ma fille ?

— Tu sais bien que, ce matin, je n'ai pas bien dit ma leçon.

Tu m'as dit que tu ne m'embrasserais pas de toute la journée.

Tu l'as oublié, mais je ne voudrais pas te désobéir.

Ce serait bien plus mal que de ne pas bien lire.

— Viens dans mes bras, mon Henriette : Ta docilité mérite cette récompense.

— Oh ! maman, que je suis contente ! Tu verras demain comme je dirai bien ma leçon !

Madame de Renneville.

BIBLIOTHÈQUE NATIONALE R.F. IMPRIMÉS

L'Été.

Il fait chaud, très chaud.

Nous sommes en été.

Que le soleil est brûlant pendant l'été !

Mais ne nous plaignons point :

C'est la chaleur du soleil qui mûrit les fruits de la terre.

Tous les habitants de la campagne sont occupés dans les champs.

Pas un n'y est oisif.

Tous, en travaillant, trouvent le moyen de vivre plus à l'aise.

C'est en été que l'on fait les grandes provisions de l'année.

On enferme d'abord les *fourrages*.

On appelle fourrage les foins et autres herbes que l'on fait sécher.

Les fourrages servent à nourrir les bestiaux en hiver, quand il n'y a plus d'herbe fraîche dans la campagne.

Les *céréales* mûrissent à vue d'œil.

Le blé et les autres graines qui lui ressemblent, comme le seigle, l'orge et l'avoine, sont des céréales.

On les appelle céréales, de Cérès, que les anciens Grecs nommaient déesse ou divinité des moissons.

Les seigles sont déjà mûrs.

Ils sont d'un jaune presque blanc.

Demain on les coupera.

Couper les céréales, c'est faire la *moisson*, c'est *moissonner*.

Le blé et le seigle servent à faire du pain.

Le pain est la principale nourriture de l'homme.

Les moissonneurs ont bien de la peine.

La sueur ruisselle de leurs fronts.

Levés de grand matin et couchés fort tard, à peine s'ils goûtent vers le milieu du jour quelques instants de repos après le repas.

Que de reconnaissance ne devons-nous pas à tous ces braves paysans !

Nous serions bien coupables de les mépriser.

Que deviendraient, sans eux, les habitants des villes ?

N'est-ce pas aux travaux des gens de la campagne que nous devons le blé, les légumes, les fruits, les fourrages ?

Ne sont-ce pas eux qui élèvent ces animaux utiles, dont la chair couvre nos tables ?

Et le doux laitage, n'est-ce pas aux gens de la campagne que nous en sommes redevables ?

Tout nous vient de la terre par le travail.

Honneur à ceux qui la cultivent !

Lucien.

— Sais-tu, Lucien, qui t'a mis au monde ?

— Oui, mon papa, maman m'a dit que c'est le bon Dieu.

Oh ! je suis bien content qu'il m'ait fait.

— Pourquoi cela, mon ami ?

— C'est qu'il m'a donné tout plein de bonnes choses qui me font beaucoup de plaisir.

— Quelles sont donc ces bonnes choses?

— D'abord un papa et une maman que j'aime de tout mon cœur.

— Ensuite ?

— Il m'a donné des yeux, des oreilles, une bouche, des pieds et des mains.

— Toutes ces choses te font donc bien du plaisir?

— Oh ! oui, beaucoup.

— Pourquoi le bon Dieu t'a-t-il donné des yeux ?

— Dame ! c'est pour voir tout ce qu'il y a de beau dans le monde :

Les maisons, les jardins et les marionnettes.

— Et des oreilles?

— Pour entendre la vielle, les chanteurs et le serin de maman.

— Et la bouche, pourquoi te l'a-t-il donnée.

— Papa, c'est pour manger de bons gâteaux et des confitures.

— Tu sens donc que tu as bien de l'obligation à Dieu de t'avoir fait tous ces présents.

— Oh! oui, papa, je l'en remercie beaucoup.

— C'est tout ce qu'il faut pour le moment.

Bientôt je t'expliquerai le véritable usage de toutes ces choses.

En attendant, puisque Dieu t'a aussi donné des jambes,

Allons courir dans le jardin.

Madame de RENNEVILLE.

L'Automne.

Il ne fait pas si chaud.

Il ne fait pas encore froid.

Nous sommes en automne.

Les arbres sont chargés de fruits.

Les fruits réjouissent la vue.

Ils sont une excellente chose.

Mais il faut les manger mûrs.

Les fruits mûrs font du bien à la santé.

Les fruits verts rendent malade.

Les fruits verts ont causé la mort de bien des gens.

Ne mangez jamais des fruits verts.

Les raisins sont bien mûrs.

On les cueille partout.

Cela s'appelle *vendanger*, faire des *vendanges*.

Avec des raisins mûrs, on fait du bon vin.

Voyez comme les vendangeurs et les vendangeuses se livrent à la joie!

Les entendez-vous chanter en travaillant?

C'est que les vendanges sont une sorte de fête champêtre.

Partout les pauvres gens trouvent à s'occuper.

Il n'y a que les paresseux et les malades qui soient vraiment malheureux.

Les paresseux ne sont pas à plaindre.

Plaignons les pauvres malades.

C'est en automne que l'on cueille les fruits.

On serre les pommes et les poires dans la *fruiterie*.

Un endroit où l'on conserve les fruits se nomme fruiterie.

On prépare diverses confitures.

On fait sécher les pruneaux.

Que nous serons aises d'avoir toutes ces provisions en hiver !

La campagne ne produit plus rien alors.

Les revenants, le loup-garou.

Mes enfants, allez dans le cabinet de ma chambre prendre la lanterne magique.

Je veux vous la montrer, puisque vous avez été bien sages.

— Maman, il fait bien noir ;
Donne-nous de la lumière.

— Pourquoi cela ?

— C'est que nous aurions peur.

— Je ne vous ai jamais vu cet enfantillage.

Vous êtes accoutumés à l'obscurité,

Et je n'ai jamais remarqué qu'elle vous effrayât.

— C'est que nous ne savions pas qu'il y eût des revenants et des loups-garous.

— Qui vous a fait ces contes ridicules ?

— Maman, c'est Suzon, notre voisine, qui nous l'a dit,

Et je t'assure que ce ne sont point des contes.

Sa grand'mère a vu le loup-garou.

Il traînait de grosses chaînes et faisait des hurlements.

— Voilà ce que c'est, mes enfants que de s'entretenir avec des enfants qui ne veulent pas aller à l'école.

Je crois vous l'avoir défendu.

Suzon est une ignorante, une paresseuse.

Tout ce qu'elle vous a dit est faux.

Il n'y a ni revenants ni loups-garous.

S'il y avait du danger à aller la nuit sans lumière, je ne vous y exposerais pas.

Je vous aime trop pour cela.

Toi, Édouard, qui es un homme, va me chercher ce que je t'ai demandé.

Laissez les sottes frayeurs aux enfants ignorants.

— Maman, j'irai avec mon frère.

J'ai autant de courage que lui ;

Et, si je ne suis qu'une petite fille, je ne veux pas être une sotte.

Madame de RENNEVILLE.

L'Hiver.

Il fait froid, très froid.

Le ciel est couvert de gros nuages.

Il neige très souvent.

L'eau gèle dans les ruisseaux.

On voit rarement le soleil.

Il semble avoir perdu sa chaleur.

Le sombre hiver est arrivé.

Les gens riches sont revenus de la campagne.

L'hiver est la saison des bals, des soirées.

Les gens riches s'amusent bien à la ville.

Ils y sont revenus parce que la campagne n'est plus agréable.

Les gens pauvres sont tristes.

Ils craignent de manquer d'ouvrage.

Ils craignent de manquer de bois pour se chauffer, et de pain pour se nourrir.

Que deviendront ceux qui sont mal

couverts ou qui n'ont pas de provisions ?

Que feront-ils si l'ouvrage vient à leur manquer ?

Le bon Dieu ne les abandonnera pas.

Les gens riches viendront à leur secours.

C'est pour secourir les pauvres que Dieu a fait les riches.

Quel plaisir de soulager les pauvres !

C'est pour beaucoup de gens riches le plaisir le plus vif.

Les gens de la campagne ne sont pas oisifs pendant l'hiver.

Les uns réparent les chemins ;

D'autres battent le blé dans les granges ;

Les femmes filent le lin et le chanvre pour faire le linge.

Heureux les pays où tout le monde sait s'occuper durant l'hiver !

Dans ces pays il y a peu de malheureux.

Le travail est le seul moyen d'arriver au bien-être.

Les paresseux languissent dans la misère.

Et ils le méritent bien.

DE LA LIAISON DES MOTS.

Les mots se lient entre eux pour rendre le discours plus clair ou la prononciation plus agréable.

Ce qui rend la prononciation plus douce, plus coulante, se nomme *euphonie*.

La clarté et l'euphonie doivent donc régler la liaison des mots.

Deux mots séparés par un signe de ponctuation ne peuvent être liés.

Pour que la liaison de deux mots soit possible, il faut que le deuxième commence par une voyelle ou par un *h* muet.

On appelle *h* muet celui qui n'empêche pas la liaison des mots.

On appelle *h* aspiré celui qui empêche la liaison des mots.

C'est l'usage seul qui apprend à distinguer l'*h* muet de l'*h* aspiré.

Quand le premier des deux mots qui se lient finit par un *e* muet, cet *e* muet est supprimé dans la prononciation, et cette sorte de liaison se nomme *élision*.

Élision signifie suppression.

Quand le premier des deux mots qui se lient finit par une consonne, il y a liaison proprement dite.

Deux mots qui se lient paraissent toujours n'en former qu'un seul pour la prononciation.

Ainsi, lorsqu'on dit *douze arbres*, il semble que les mots *douze* et *arbres* ne forment qu'un seul mot, que l'on écrirait ainsi : *douzarbres.*

Voilà un exemple de l'élision.

EXEMPLES DE L'ÉLISION.

Onze enfants, douze écoliers, treize ouvriers, quatorze agneaux, quinze urnes, seize images, une aventure, un jeune acteur, une longue allée, une chose inouïe, une grande affaire, le deuxième étage, une belle occasion, une voiture arrêtée, ma tante écoutait, un caractère affreux, une phrase entière, une longue écharpe, l'ombre épaisse, un doute offensant, la porte ouverte, la tête inclinée, un charme inconnu, le troisième article.

Gabrielle.

La petite Gabrielle obéit toujours dès qu'on lui parle.

Quand on l'appelle, elle vient tout de suite.

On n'a jamais la peine de l'appeler deux fois.

Si quelqu'un lui dit :

Comment vous portez-vous, ma chère ?

Comment se porte votre maman ?

Elle répond tout de suite, comme une grande personne :

Fort bien, monsieur ; fort bien, madame ; je vous remercie.

Et elle dit cela si distinctement que chacun peut l'entendre.

Il y a des petites filles qui répondent d'une voix si basse qu'on ne les entend pas.

Si vous les priez de chanter ou de réciter quelque chose, elles ne font que hausser les épaules, baisser la tête et prendre un air niais.

Mademoiselle Gabrielle est bien plus aimable.

Quand on lui demande une petite chanson, elle commence tout de suite à la chanter.

On est charmé surtout de l'attention

qu'elle a de nettoyer ses souliers avant d'entrer dans la maison.

Elle a bien soin de plier elle-même ses vêtements et de les mettre à leur place sans qu'on le lui dise.

Gabrielle aime bien l'arrangement.

Quand elle a fini de jouer, elle ramasse ses poupées et ses joujoux, et les met dans une boîte.

De sorte que jamais rien de ce qu'on lui donne ne se trouve égaré.

Jamais Gabrielle n'est de mauvaise humeur.

Quand elle est à table, elle ne demande rien, et mange ce qu'on lui donne sans rien dire.

Elle prend bien garde de ne rien laisser tomber sur elle, et de se salir les doigts.

Elle se sert toujours de sa fourchette comme une personne bien élevée.

Cette grande propreté est cause qu'elle mange souvent à table avec ses parents.

L'abbé GAULTIER.

Les Personnes, les Animaux et les Choses.

Il n'y a dans le monde que des personnes, des animaux et des choses.

Les hommes, les femmes, les petits garçons et les petites filles sont des personnes.

Les jeunes gens et les grandes demoiselles sont aussi des personnes.

Votre papa est une personne;

Votre maman est une personne;

Votre sœur aussi.

Mon petit garçon, vous êtes aussi une personne.

Les cordonniers, les tailleurs et les couturières sont aussi des personnes.

Tout ce qui n'est pas une personne est un animal ou une chose.

Une maison est une chose.

Un cheval est un animal.

Les chiens, les chats, les poules, les pigeons, etc., sont des animaux.

(Obligez les élèves à répondre aux questions suivantes à mesure qu'ils les lisent.)

Un cocher est-il une personne ou une chose?
Une chaise est-elle une personne ou une chose?
Un jardin est-il une personne ou une chose?
Un maçon est-il une personne ou une chose?
Un coq est-il une personne ou une chose?
Un serin est-il une personne ou un animal?

Henri et Lucie.

Je vis hier M. Arnaud, encore malade dans son lit.

Sa femme, qui n'a point de domestique, le soigne admirablement, sans négliger ses deux enfants, Henri et Lucie.

Henri n'a que six ans, et Lucie n'a que quatre ans et demi.

Croiriez-vous que ces petits enfants aident leur mère et ne gênent nullement le malade ?

Il faut les voir se parler par signes et marcher sur la pointe des pieds!

Si la mère est obligée de sortir pour

quelque chose, ce sont les enfants qui donnent à boire à leur père et lui rendent d'autres petits services.

Ces deux aimables enfants se remplacent pour chasser les mouches loin de leur père.

Ils font cela avec un soin, une attention touchante.

Quelquefois la maman les envoie jouer dans une pièce voisine.

N'allez pas croire qu'ils y font du bruit.

On ne les entend point.

Ils savent que le bruit peut retarder la guérison des malades.

Ces intéressantes petites créatures ont dû se coucher pendant que j'étais là.

Ils ont dit leurs prières ordinaires avec un recueillement très remarquable.

Après cela, Henri a fait un signe d'intelligence à sa sœur, et il a dit avec une ferveur charmante :

Mon Dieu, nous vous prions de rendre bientôt la santé à notre bon père.

Allégez, s'il vous plaît, les peines de notre bonne mère, et empêchez-la de tomber malade.

Inspirez-nous, s'il vous plaît, ce que nous pourrions faire pour soulager notre père.

Écoutez-nous, bon Dieu, et exaucez notre prière.

Dieu a écouté en effet la prière de ces bons enfants.

Le père va mieux ; et bientôt il sera *convalescent.*

On est convalescent dès que l'on cesse d'être malade.

La *convalescence* est la fin de la maladie et le commencement du retour à la santé.

L'*h* muet n'empêche pas l'élision. L'*h* est muet dans :

L'homme habile, l'habile homme, Lucien s'habille bien, la terre habitable, une belle habitation, la vieille habitude, la longue haleine, une fausse harmonie, notre hémisphère, un courage héroïque, la belle héroïne, à la bonne heure, vivre heureux, une

belle histoire, un rude hiver, l'honnête homme, l'homme honnête, rendre hommage, une grosse horloge, une grande horreur, la nature humaine, la bonne humeur, sa profonde humilité, une mine hypocrite.

L'*h* aspiré empêche l'élision. L'*h* est aspiré dans: Une hache d'armes, le visage hagard, une grande haine, ne haïssez personne, un chemin de halage, vous craignez le hâle, une vieille haine, j'aime ce hameau, une courte harangue, une noble hardiesse, une mauvaise honte, un jeu de hasard, en toute hâte, une chose honteuse, une taille haute, un triste héron, un langage honteux, un terrible héros, une parole honteuse, une fausse honte, une hottée de pain, une belle houlette, une grande houppe, une énorme hure, une pauvre hutte, une huitaine de jours.

La Parenté.

Le père de votre père est votre grand-père, ou votre aïeul.

Le père de votre mère est aussi votre grand-père, votre aïeul.

La mère de votre mère est votre grand'mère, votre aïeule.

La mère de votre père est aussi votre grand'mère, votre aïeule.

Le père et la mère de votre mère sont aussi vos aïeuls.

Le père et la mère de votre père sont aussi vos aïeuls.

Le père de votre grand-père est votre bisaïeul.

La mère de votre grand'mère est votre bisaïeule.

Les frères de votre père et de votre mère sont vos oncles.

Les sœurs de votre père et de votre mère sont vos tantes.

Vous êtes le petit-fils de vos grands-pères et de vos grand'mères.

Vous êtes l'arrière-petit-fils de vos bisaïeuls et de vos bisaïeules.

Vous êtes le neveu de vos oncles et de vos tantes.

Vos sœurs sont les nièces de vos oncles et de vos tantes.

Les enfants de vos oncles et de vos tantes sont vos cousins germains.

Les enfants, le père, le grand-père et le bisaïeul forment la ligne directe ascendante des parents.

Ascendante signifie qui remonte des enfants au père, du père au grand-père, du grand-père au bisaïeul.

Le bisaïeul, le grand-père, le père et les enfants de ce dernier forment la ligne directe descendante ou des descendants des parents.

Descendante signifie qui descend du bisaïeul au grand-père, du grand-père au père, et du père aux enfants.

Les oncles, les neveux et les cousins germains forment la ligne collatérale des parents.

Un homme et une femme mariés forment une génération.

Les enfants forment une nouvelle génération.

Dans une maison où l'on voit le bisaïeul, le grand-père, le père et des enfants de celui-ci, il y a donc quatre générations.

Un homme marié dont la femme meurt devient *veuf*.

Une femme mariée dont le mari meurt devient *veuve*.

Les époux séparés ainsi par la mort sont dans le *veuvage*.

Le veuvage cesse s'ils se remarient.

Cela arrive souvent.

Les personnes qui se remarient ainsi plusieurs fois ont souvent des enfants de chacun de leurs mariages.

On distingue ces enfants par le nom de premier et de deuxième lit.

Les enfants du même père et de la même mère sont appelés frères ou sœurs germains entre eux.

Les enfants de même père et de mères différentes sont appelés *frères consanguins* entre eux.

Les enfants de même mère et de pères différents sont appelés *frères utérins* entre eux.

Paul.

Paul a une de ces figures que l'on regarde toujours avec plaisir.

Il joint à des traits réguliers et fins comme ceux de sa mère une expression de douceur et de bonté qui complète une heureuse ressemblance.

Tous ses camarades le chérissent.

Je n'en connais pas un seul qui ne soit disposé à lui faire plaisir en toute occasion.

Le maître de la pension que Paul fréquente remarque une amélioration sensible dans tous les enfants qui se lient avec Paul.

Cette influence des bons exemples n'étonnera personne :

On n'ose pas être ouvertement méchant devant quelqu'un qui est si bon.

A force d'entendre l'éloge de la bonté, on sent toujours davantage le besoin d'être bon.

Mais que je vous raconte un nouveau trait de Paul.

Dernièrement, en descendant de voiture à la porte de la pension, Paul aperçut un jeune

Savoyard de son âge qui pleurait à côté d'une borne.

En deux enjambées il est auprès du petit malheureux.

— Qu'as-tu, mon petit ami? lui dit-il.

— Une entorse que j'ai prise hier au pied droit m'empêche de marcher pour gagner ma vie.

Hier on ne me donna qu'un petit morceau de pain dans toute la journée.

J'ai bien faim, et je crains d'être plus malheureux aujourd'hui qu'hier.

— Tiens, mon ami, ne pleure plus, et mange : voilà mon second déjeuner :

Je saurai bien attendre le dîner, moi.

J'ai déjà pris une tasse de lait et du pain.

Sois ici demain à la même heure ; je tâcherai d'obtenir un déjeuner plus copieux de ma mère, et je te le donnerai.

Mais ce qui ajoute un prix particulier à cet acte de bienfaisance, répété pendant plusieurs jours, c'est qu'on ne l'a connu que par le Savoyard.

Paul sait déjà que l'on ne doit point parler du bien que l'on fait.

Le Corps humain.

Examinez bien votre corps.

On le divise en trois parties principales, qui sont la *tête*, le *tronc* et les *membres.*

Les bras et les jambes, y compris les cuisses, sont ce qu'on appelle les membres.

La partie la plus grosse du corps se nomme le tronc.

La tête, les épaules et une partie du tronc forment le *buste.*

Les bras se nomment *membres supérieurs*, parce qu'ils sont placés en haut.

Les jambes et les cuisses sont appelés *membres inférieurs*, parce qu'ils sont placés en bas.

Dans la tête on distingue deux parties, le *crâne* et la *face.*

Le crâne est cette partie de la tête où sont les cheveux.

C'est le derrière et le dessus de la tête.

La partie de la tête où sont les yeux, le nez, la bouche, se nomme la *face.*

La face est le devant de la tête.

Les côtés du corps se nomment, l'un le côté droit, et l'autre le côté gauche.

Pour distinguer les parties du corps, on les désigne en ajoutant droit et gauche, selon le côté dont on parle.

Les consonnes qui se prononcent se lient toujours avec la voyelle qui commence le mot suivant, à moins que les deux mots ne soient séparés par un signe de ponctuation.

EXEMPLES :

Un sac ouvert, un lac inabordable, un local agréable, un cruel artifice, un chef intrépide, un relief extraordinaire, un subtil imposteur, le ciel et la terre, le sec et l'humide, un roc escarpé, un troc avantageux, un duc et pair, avec opiniâtreté, l'aqueduc est beau, un bail à ferme, un travail opiniâtre, un détail étendu, un réveil agréable, un sommeil interrompu, un deuil universel, l'œuf est bien petit, un bœuf attelé.

Lorsque le r *final se lie, on l'adoucit autant que possible.*

Mon meilleur ami, l'ingénieur en chef, un devoir important, un trésor inépuisable, un désespoir affreux, un corridor étroit, un gouvernail usé, le syndic est nommé, un grief étrange, un public injuste, l'hôtel est meublé, un bac à traille.

Le bon Écolier.

Gabriel n'a pas encore huit ans, et déjà il comprend à merveille beaucoup de livres très intéressants.

On dit même qu'il ne fait presque plus de fautes d'orthographe.

Cela ne doit pas vous étonner :

Gabriel est un garçon très appliqué.

Il récite toujours ses leçons sans se tromper, et, ce qui lui donne un avantage très précieux,

Gabriel n'oublie jamais les leçons qu'il a une fois apprises.

Ses amis prétendent qu'ils les revoit quelquefois dans ses moments de loisir ;

Mais ne lui en faisons pas un reproche ;

Il serait à souhaiter que tous les enfants revissent ainsi leurs leçons.

On fait très bien d'apprendre, mais on fait encore mieux de ne pas oublier.

Gabriel fait tous ses devoirs avec une exactitude et un soin que ses maîtres citent avec plaisir.

Et, comme il ne cause point et qu'il ne pense pas au jeu quand il faut travailler, il a toujours du temps de reste.

N'allez pas croire que Gabriel s'ennuie jamais : cela n'est pas possible.

Quand il a fini ses devoirs, il prend un livre et il lit.

Ne pensez pas que Gabriel lise pour se désennuyer ;

Non, il lit pour s'instruire.

S'il rencontre un mot qu'il ne comprend point, il s'arrête pour en chercher le sens dans son dictionnaire.

Si une phrase l'embarrasse, il en demande l'explication après avoir fait tous les efforts possibles pour la comprendre seul.

Quand on lui explique quelque chose, il écoute très attentivement.

Aussi comprend-il avec une facilité admirable.

Il ne perd pas un mot de ce qu'on lui dit.

C'est là un des bons moyens de s'instruire.

En lisant, Gabriel n'oublie jamais de bien regarder comment les mots sont écrits.

Un mot offre-t-il des difficultés d'orthographe et de prononciation : Gabriel l'écrit sur un petit cahier qu'il a pour cela.

Il relit ce cahier de temps en temps, et chaque fois il y ajoute des notes, dont quelques-unes m'étonnent.

Vous ferez très bien d'imiter Gabriel en cela comme dans toute sa conduite.

C'est du petit cahier de Gabriel que je tire les mots difficiles que je vous donne à lire.

Mais il faut voir Gabriel en classe.

C'est là que sa conduite est vraiment exemplaire.

Là, comme ailleurs, Gabriel est tout entier à ses devoirs.

On ne le voit jamais causer en classe ni regarder de côté et d'autre.

Il écoute avec un soin extrême tout ce qui se dit.

Il regarde attentivement tout ce que l'on fait au tableau.

Voilà pourquoi Gabriel répond toujours bien aux questions qu'on lui adresse.

S'il arrive qu'il ne comprenne pas ce que dit le professeur,

Il demande poliment une explication nouvelle qui ne lui est jamais refusée.

On a tant de plaisir à seconder les élèves laborieux !

Vous chercheriez vainement une tache ou une oreille sur les cahiers de Gabriel.

Il conserve cependant tous ses devoirs de l'année.

Vous croyez peut-être que Gabriel est grave, sérieux, qu'il ne rit jamais.

Eh bien, pas du tout !

Gabriel est gai à faire plaisir.

En récréation, il joue avec une ardeur pareille à celle qu'il apporte à l'étude.

En jouant il ne se fâche jamais, quoi qu'il arrive.

Voilà pourquoi tous ses camarades l'aiment beaucoup.

La Droite et la Gauche.

Le bon Dieu vous a donné deux mains.

Une de vos mains se nomme la main droite.

L'autre se nomme la main gauche.

Montrez votre main droite.

Montrez votre main gauche.

Vous avez deux oreilles, une de chaque côté de la tête.

L'oreille qui est du côté de la main droite se nomme l'oreille droite.

L'oreille qui est du côté de la main gauche se nomme l'oreille gauche.

Montrez votre oreille droite avec la main droite.

Pourquoi est-ce l'oreille droite?

— Parce qu'elle est du même côté que la main droite.

— Montrez votre oreille gauche avec la main gauche.

Pourquoi est-ce l'oreille gauche?

— Parce qu'elle est du même côté que la main gauche.

— Vous avez deux pieds.

Le pied qui est du côté de la main droite se nomme le pied droit.

Le pied qui est du côté de la main gauche se nomme le pied gauche.

Montrez votre pied avec la main droite.

Pourquoi est-ce le pied droit?

— Parce qu'il est du même côté que la main droite.

— Montrez votre pied gauche avec la main gauche.

Pourquoi est-ce le pied gauche?

— Parce qu'il est du même côté que la main gauche.

— Vous avez deux joues, une de chaque côté du visage.

La joue qui est du côté de la main droite se nomme la joue droite.

La joue qui est du côté de la main gauche se nomme la joue gauche.

Montrez votre joue droite avec la main droite.

Pourquoi est-ce la joue droite?

— Parce qu'elle est du même côté que la main droite.

— Montrez la joue gauche avec la main gauche.

Pourquoi est-ce la joue gauche?

— Parce qu'elle est du même côté que la main gauche.

— Vous avez deux yeux.

L'œil qui est du côté de la main droite se nomme l'œil droit.

L'œil qui est du côté de la main gauche se nomme l'œil gauche.

Montrez votre œil droit avec la main droite.

Pourquoi est-ce l'œil droit?

— Parce qu'il est du même côté que la main droite.

— Montrez votre œil gauche avec la main gauche.

Pourquoi est-ce l'œil gauche?

— Parce qu'il est du même côté que la main gauche.

(Il est bon que les enfants se familiarisent avec cet exercice.)

Ces mots droite et gauche servent à désigner bien des choses.

Lorsque vous marchez dans une rue, sur une route, vous avez un côté de la rue ou de la route à votre droite et l'autre côté à votre gauche.

Si vous retournez sur vos pas, dans la même rue, sur la même route, le côté qui était à votre droite sera à gauche, et le côté qui était à votre gauche sera à droite.

Quand vous parlez de la droite ou de la gauche d'une rue ou d'une route, ayez donc soin de dire vers quel point de la rue ou de la route vous allez.

Le Malade intéressant.

Robert est si patient et si docile que tout le monde s'empresse pour le soigner quand il est malade.

Il remue très peu dans son lit.

Il ne se découvre jamais sans nécessité.

Quelque désagréables que soient les boissons qu'on lui donne, il les prend sans se plaindre.

Pour ne pas en être rebuté, il les avale sans y regarder.

Un moment pénible est bientôt passé.

En suivant docilement l'ordonnance du médecin, on contente ses parents et l'on guérit bien plus tôt.

D'ailleurs le plaisir d'obéir à sa maman soulage tout de suite.

Robert comprend cela, il le dit même souvent.

S'il souffre, c'est toujours avec patience.

Il sait que les plaintes font souffrir ceux qui les entendent et ne guérissent point celui qui a le mal.

Il est si bon et si poli que tout le monde trouve du plaisir à le servir.

A la moindre chose que l'on fait pour lui, il remercie fort gracieusement.

Des paroles de bonté et de reconnaissance encouragent et récompensent toutes les personnes qui s'occupent de lui.

Un soir que sa bonne le veillait, il lui dit :

— Je serai pourtant cause que vous ne dormirez point cette nuit.

Vous devez être bien fatiguée.

Cela me fait beaucoup de peine.

Je prierai maman de vous laisser reposer demain.

Une fois on dut lui appliquer des sangsues.

Croyez-vous que Robert en fût effrayé?

Point du tout.

Quel mal peut faire une sangsue?

C'est un animal si petit!

Lorsque la sangsue prend, on sent comme une légère piqûre d'épingle, et voilà tout.

Une autre fois on ordonna une saignée.

Robert ne s'en effraya pas davantage.

Il présenta tranquillement son bras au chirurgien étonné.

— Vous ne craignez donc pas que je vous fasse du mal? lui dit le chirurgien.

— Non, monsieur, répondit Robert.

Que gagneriez-vous à me tourmenter sans sujet?

Maman n'est-elle pas près de moi?

N'est-ce pas elle qui vous a fait appeler?

Si j'avais la moindre chose à craindre de vous, maman ne vous souffrirait pas ici.

Vous me ferez peut-être un peu mal, mais ce ne sera que pendant un tout petit instant, et c'est pour me guérir.

La maladie me fatigue, m'épuise depuis six jours.

Et qui a dit qu'elle ne me tuerait point si je n'étais pas saigné?

Faites, faites, je ne crains pas!

Maman et ma bonne dorment peu à cause de moi.

Je leur donne tant de peine!

Il me tarde de les voir se reposer à l'aise.

— Dès qu'on permet à Robert de manger, il se contente toujours de ce qu'on lui donne.

Il a pourtant bien faim!

Mais il n'en parle point, dans la crainte de faire de la peine à sa maman.

Il est aisé de comprendre qu'un enfant si docile n'est pas longtemps malade, et que sa convalescence dure peu de temps.

Lorsqu'une consonne finale muette se lie avec le mot suivant, cette consonne se prononce alors, et les deux mots semblent n'en faire qu'un pour la prononciation.

EXEMPLES :

Mon argent, ton emploi, son ardeur, mon effroi, on entrait, en entier, on offrait, un appoint, mon abandon, son abreuvoir, en Espagne, mon adhésion, son adoption, son ornement, ton affliction, son alphabet, on augmente, en Afrique, en Égypte, en Italie, un arbrisseau, un écureuil, son expression, un orphelin, un orchestre, mon instruction, huit éléphants, sept oranges, aucun étranger, aucun égard, certain arbre, certain auteur, aucun instinct, cinq étuis, cinq ourlets, retournez-y, convenez-en, demandez-en.

La Montagne.

Nous irons de ce pas sur la montagne que l'on voit de nos fenêtres.

Te sens-tu le courage de la *gravir* jusqu'au sommet ?

— Oui, mon papa, je me sens ce courage.

— J'en suis bien aise pour toi.

Tu n'auras pas regret de ta peine.

Ne marchons pas trop vite :

La course est longue et pénible.

Nous voilà au *pied* de la montagne.

Le chemin n'est plus si beau.

Il n'est déjà plus qu'un sentier où les mules passent à peine.

Bientôt même ce sentier va disparaître.

Les terres sont pourtant cultivées jusqu'à *mi-côte.*

Voilà le dernier champ.

Le sentier a disparu.

Choisissons bien nos pas.

Je suis content de toi, Prosper;

Tu évites les buissons à merveille.

Ces sortes de fossés par lesquels les eaux s'écoulent, quand il pleut sur la montagne, se nomment *ravins.*

C'est la pluie qui forme et agrandit les ravins.

Traversons ce ravin pour *tourner* le *rocher*, cette énorme pierre qui est devant nous.

Encore un petit effort, et nous serons au *sommet* de la montagne.

Ouf! nous y voilà parvenus.

Boutonne bien ta veste.

L'air est beaucoup plus froid sur la montagne que dans la plaine.

Regarde bien tout autour de toi.

Cette montagne ne touche à aucune autre.

Elle est tout à fait *isolée*.

Nous voyons au loin plusieurs montagnes très près les unes des autres.

L'espace qui sépare deux montagnes ainsi rapprochées se nomme *col* ou *gorge*.

Une gorge prolongée forme un *vallon*.

Quand l'espace qui sépare des montagnes est considérable, il se nomme *vallée*.

Une vallée est un grand vallon.

C'est dans les vallons et les vallées que coulent les rivières.

C'est dans les vallons et les vallées que sont les meilleures terres, les plus jolis paysages, les pays les plus agréables.

Une longue suite de montagnes séparées seulement par des gorges et des vallons, forme une *chaîne de montagnes*.

Une grande plaine sur une montagne se nomme *plateau*.

Nous retournerons sur la montagne.

Élisa.

Cette petite fille se nomme Élisa.

Vous gagnerez à la bien connaître.

On n'est pas plus aimable qu'elle.

Sa politesse et son obéissance la font chérir de tous ceux qui la voient.

Son père et sa mère l'aiment à la folie,

Et ils ont bien raison.

Tous les matins, en s'éveillant, Élisa offre son cœur à Dieu sans se le faire dire.

Elle se laisse débarbouiller et habiller sans jamais jeter une larme.

On la voit toujours de la meilleure humeur du monde.

Quand elle est levée et habillée, elle fait sa prière à haute voix avec la piété d'un petit ange.

Avoir de la piété, c'est aimer Dieu par-dessus tout et faire avec plaisir tout ce qu'il nous commande.

Après avoir fait sa prière, elle va souhaiter le bonjour à son papa e à sa maman.

Elle leur demande comment ils ont passé la nuit.

Ensuite, au lieu de les étourdir en courant par la chambre et parlant à tort et à travers, elle prend sa poupée ou son livre et s'assied jusqu'au déjeuner.

Tout le long du jour elle est gaie, douce, bonne et très obéissante.

Elle lit déjà très passablement.

A la promenade, elle ne quitte jamais sa maman.

Elle ne fait que ce qu'on lui ordonne.

Aussi sa robe est toujours propre, et ses mains sont toujours nettes, parce qu'elle ne se traîne point à terre.

Elle n'a point la mauvaise habitude de porter sa main à sa tête ou à son nez.

Elle se mouche souvent sans qu'on le lui dise.

Propre, polie, caressante, elle est aimée de tout le monde.

L'Orage.

Le plaisir de la promenade nous a poussés trop loin.

Nous allons être surpris par l'orage.

— Comment savez-vous qu'un orage peut nous surprendre?

— Voyez-vous là-bas ces gros nuages noirs et blancs?

Ils ressemblent à des montagnes.

Ils s'avancent vers nous.

Regardez du côté opposé.

D'énormes nuages viennent à la rencontre des premiers.

Déjà le vent souffle avec violence.

Voyez-vous ces tourbillons de poussière et ces feuilles sèches qui montent en tournoyant dans les airs?

Tout cela annonce l'orage.

— Ah! voilà un éclair qui sort de ce gros nuage noir!

Nos yeux en sont éblouis.

— Vous entendrez bientôt gronder le tonnerre.

Chaque éclair peut être suivi d'un coup de tonnerre.

Quand le tonnerre ne se fait entendre que longtemps après l'éclair, l'orage est encore loin.

Mais le ciel devient de plus en plus sombre.

Je viens d'entendre un bruit lointain qui ressemble au tonnerre.

— Ah! mon Dieu! voilà un éclair!

Maman, j'ai bien peur!

Le tonnerre va gronder encore!

On dit que le tonnerre tue quelquefois du monde.

— Cela est vrai, mon enfant, mais cela est très rare.

Le tonnerre dont nous avons vu l'éclair n'est plus à craindre pour nous :

Il a éclaté bien loin.

La foudre a fait le mal qu'elle doit faire quand on aperçoit l'éclair.

— Pourquoi sonne-t-on les cloches dans ce village?

— C'est peut-être pour dissiper l'orage.

— Est-ce que le son des cloches peut dissiper l'orage?

— Il y a des gens qui le croient, mais c'est une grande erreur.

Le mouvement des cloches peut, au contraire, attirer la foudre.

Cela est déjà arrivé très souvent.

Et bien des sonneurs ont péri.

Il pleut; voyez combien les gouttes de pluie sont larges!

Nous allons être mouillés.

— Si nous nous mettions à l'abri sous ce grand arbre?

— Gardons-nous-en bien!

La foudre tombe souvent sur les grands arbres.

— Courons donc, afin d'arriver bientôt à cette ferme qui est devant nous.

— Il ne faut point courir pendant l'orage :

En courant, on peut attirer la foudre sur soi.

Il vaut mieux supporter la pluie.

Ah! mon Dieu! quel coup de tonnerre!

Il a éclaté au moment où nous avons vu l'éclair.

— Les coups de tonnerre qui éclatent ainsi au moment où l'on voit l'éclair sont seuls dangereux.

Voyez donc ce gros arbre sous lequel vous vouliez vous abriter :

La foudre vient de le briser.

Remercions Dieu de n'en avoir pas été atteints.

Nous serons peu mouillés, car nous voilà arrivés à la ferme.

Entrons chez la fermière.

Elle prie Dieu dans un coin de sa chambre, toutes les fenêtres sont ouvertes.

On fait toujours bien de prier Dieu;

Mais il faut fermer les portes et les fenêtres pendant l'orage pour éviter les courants d'air.

Les courants d'air peuvent attirer la foudre.

Quand on a tout fait pour se préserver de la foudre, il faut se tenir tranquille et mettre sa confiance en Dieu.

Lorsque le s *final se lie au mot suivant, il se prononce comme* z.

EXEMPLES :

Ces abus, des affronts, les anciens, tes enfants, nos actions, trois anchois, leurs actes, trois endroits, vos entrées, nous accourons, vous ébranlez, ils imitaient, nous enseignons, vous ignoriez, ils exigent, nous existons, vous exhortiez, ils augmentaient, nous augmentâmes, vous augmentâtes, ils instruisirent, mes abeilles, ses échasses, vos oreilles, vos aérostats, nos instruments, quelques amis, quelles arches, plusieurs erreurs, d'autres affaires, quels adversaires, plusieurs animaux, maintes œuvres, quelles ornières, certains espions, plusieurs archets, d'autres impôts, quels intrigants, quelles espérances, maints exploits, nous augmentions vous augmentiez, ils augmentèrent.

Le Hameau, le Village, le Bourg, la Ville.

Je suis revenue avec plaisir sur la montagne.

Nous y apprendrons aujourd'hui plusieurs choses intéressantes.

Ne nous hâtons point.

Regardez avec attention de ce côté, au pied de la montagne.

Prosper, que voyez-vous?

— Je vois un petit nombre de maisons assez près les unes des autres.

— Ce petit nombre de maisons forme un *hameau.*

Un hameau n'a point d'église.

Regardez un peu plus loin, du même côté.

— On voit un plus grand nombre de maisons près d'une église.

— C'est un *village*, mon enfant.

L'église seule distingue le village du hameau.

Le hameau que nous avons remarqué tout à l'heure dépend de ce village.

Les habitants du hameau viennent à l'église de ce village.

es habitants des hameaux et ceux des villages cultivent la terre. Ils sont *cultivateurs*.

Il n'y a guère au village que les ouvriers les plus nécessaires, tels que des cordonniers, des maréchaux.

Ce grand amas de maisons que vous voyez là-bas, où se tient le *marché*, est un *bourg*.

Il y a une et peut-être plusieurs églises.

Le marché est ce qui distingue le bourg du village.

Un marché est un endroit où chacun porte, à certain jour de la semaine, tout ce qu'il peut vendre.

Ceux qui ont besoin d'acheter certaines choses se rendent aussi à cet endroit le jour indiqué.

Il y a déjà quelques marchands et plus d'artisans que dans les villes.

La *ville* que nous habitons se distingue du bourg par le nombre des maisons, par une enceinte dont on peut faire le tour, par des rues plus larges, plus propres et plus longues, par le nombre des églises et celui des marchands.

Il y a dans les villes des gens plus riches que dans les bourgs.

Il y a aussi plus d'artisans et moins de cultivateurs.

Les villes sont bâties le plus souvent près des rivières.

On voit d'ici un grand nombre de villages très près les uns des autres.

Lorsque les villages sont ainsi rapprochés, on peut dire hardiment que le pays est riche.

Les habitants ne se multiplient que dans les pays où l'on peut vivre facilement.

Vous voyez d'ici beaucoup de villages, des bourgs et même des villes.

Si vous alliez sur les hautes montagnes que vous voyez là-bas, vous découvririez encore d'autres endroits habités, d'autres villages, d'autres bourgs, d'autre villes.

Après ces montagnes, il y en a encore beaucoup d'autres entre lesquelles il y a des vallons, des vallées, de grandes plaines où il y a aussi des villes, des villages.

L'étendue de la terre est immense.

Je vous parlerai bientôt des diverses parties de la terre et des choses curieuses que l'on y remaque.

Laurent.

Le petit Laurent avait sept ans tout au plus.

Il était très étourdi et bien paresseux; mais il avait un cœur excellent.

Il aimait beaucoup sa grand'maman, qui lui servait de mère depuis qu'il avait perdu la sienne étant au berceau.

Aussi, dès qu'il la voyait affligée par sa conduite, il tâchait de se corriger.

Il n'y réussissait pas tout à fait, mais il faisait vraiment tout ce qu'il pouvait.

Sa grand'maman, qui était très âgée, tomba malade.

Son état inspirait de graves inquiétudes.

Une toux sèche et violente, suivie d'un abattement complet, la tenait clouée sur son lit.

Laurent ne quittait pas un instant le chevet du lit de la malade.

Lui, d'ordinaire si fou, si tapageur, était calme et attentif comme une grande personne.

Il marchait avec précaution, et retenait son haleine, de peur de troubler le repos de la malade.

Un soir qu'elle était plus calme, la femme qui la veillait en profita pour s'absenter un moment.

Laurent resta seul aupès du lit.

Tout à coup la toux terrible qui déchirait la

poitrine de la pauvre grand'mère éclata de nouveau.

Elle demanda aussitôt à boire.

Laurent prend une tasse de tisane ; mais il était trop petit pour atteindre à sa grand'mère.

La malade était trop faible pour se remuer.

Que faire? Dans son désir de la soulager au plus vite, Laurent approche une chaise du lit ; il y monte, mais ce n'était pas tout : il fallait soutenir la tête de la malade.

Ne consultant que son zèle, il passe une de ses petites mains sous l'oreiller, il fait un long effort, soulève la tête de la malade, tandis que de l'autre main il place doucement le breuvage sur les lèvres.

Une larme de joie et de reconnaissance brillait dans les yeux de la pauvre grand'mère.

Le père de Laurent arriva au moment où, tout rouge encore de son effort, il vidait la dernière goutte du breuvage dans la bouche de sa grand' maman.

Il fut enchanté de son fils, et le pressa tendrement sur son cœur.

Dieu bénit tant d'amour : la malade se rétablit bientôt, et depuis ce jour Laurent fut moins étourdi et moins paresseux.

L'Eau (1).

Nous allons parler de l'eau.

L'eau que vous buvez avec tant de plaisir, quand vous avez soif.

L'eau pure est *incolore*, ou sans couleur,

Elle est *inodore*, ou sans odeur.

L'eau pure n'a pas non plus de *saveur*,

C'est-à-dire qu'elle n'a aucun goût.

L'eau est la boisson la plus *salubre*,

C'est-à-dire la plus favorable à la santé.

On fait cuire beaucoup d'aliments dans l'eau.

Votre linge est-il sale,

C'est avec l'eau qu'on le blanchira.

L'eau sert à nous laver tous les jours.

Sans l'eau, nous serions bientôt couverts de crasse ou de malpropreté.

La malpropreté rend malade.

La propreté est un excellent moyen de conserver la santé.

Faut-il laver quoi que ce soit,

C'est encore l'eau que l'on emploiera.

L'eau est une chose nécessaire.

(1) Voyez *La Rivière*, page 164.

On ne peut se passer d'eau.

Si nous manquions d'eau, les animaux et nous, nous mourrions de soif.

Quand l'eau sort de terre sans aucun travail de l'homme, elle forme une *source*.

Une source d'eau est l'ouvrage de la nature.

Si l'on conduit, si l'on dirige l'eau d'une source pour la faire couler par des tuyaux ou autrement dans un bassin, on fait une fontaine.

Une fontaine est presque toujours l'ouvrage de l'homme.

L'eau d'une source qui coule dans la campagne forme un ruisseau.

Les ruisseaux font les rivières.

Les rivières font les fleuves.

Les fleuves portent leurs eaux à la mer, d'où elles sont venues par la pluie.

L'endroit où les deux rivières mêlent leurs eaux se nomme le *confluent* de ces rivières.

Confluent signifie qui coule avec.

L'endroit où un ruisseau, une rivière commence se nomme la *source* du ruisseau ou de la rivière.

L'endroit où un fleuve jette ses eaux dans la mer se nomme l'*embouchure* du fleuve.

L'eau des ruisseaux, des rivières et des fleuves se nomme eau courante.

Elle coule, elle court plus ou moins vite selon la pente du terrain.

On tire un grand parti de l'eau courante. Elle est un puissant moteur, c'est-à-dire qu'on s'en sert pour faire marcher des moulins et beaucoup d'autres machines et fabriques.

Quand on n'a ni source ni rivière près de soi, on fait un grand creux dans la terre, un *puits*, et ordinairement on trouve de l'eau.

Dans certains pays, on dirige l'eau de pluie par des gouttières dans une sorte de cave bien propre, bien bâtie, que l'on appelle *citerne.*

L'eau de citerne ou de pluie est ordinairement très bonne.

L'eau de puits n'est pas aussi bonne que l'eau de fontaine ou de rivière.

La liaison des mots est indiquée par le sens dans les locutions suivantes :

Des buissons épineux. Des montagnes élevées. Des plantes utiles. Des livres ennuyeux. Des chagrins inouïs. Des hommes inconnus. Des femmes aimables. Des maladies affreuses. Des sentiments élevés

Des discours imprudents. Des maîtres instruits. Des curieux importuns. Des champs incultes. Des soupçons offensants. Des chemins affreux. Des canaux étroits. Des enfants indociles. Des reproches amers. Des parfums agréables. Des gens intraitables. Des portes étroites. Des droits importants.

Marie.

Une femme était restée veuve et pauvre avec deux enfants, Marie et Guillaume.

Guillaume était dangereusement malade.

Sa bonne mère lui donnait les plus tendres soins.

Elle avait déjà passé trois nuits de suite auprès de son lit.

Marie, sœur de Guillaume, n'avait que douze ans.

Elle craignait que sa mère ne tombât malade à son tour si elle continuait à veiller.

Marie supplia donc sa mère de lui permettre de la remplacer pour la quatrième nuit.

Mais la tendre mère s'y opposa :

Elle craignait que Marie ne s'endormît, et que Guillaume ne fût privé de soins.

La nuit étant venue, la mère, accablée de lassitude, consentit pourtant à se jeter sur son lit.

Ses paupières se fermaient malgré elle.

Marie, pour obéir à sa mère, s'était couchée aussi.

Mais l'inquiétude et la tendresse pour sa mère la tenaient éveillée.

Quand elle vit sa mère profondément endormie, elle se leva sans bruit, prit son tricot et s'assit à côté de son frère malade.

Elle veillait sur lui avec la plus affectueuse attention ;

Elle épiait ses moindres mouvements pour lui demander s'il avait besoin de quelque chose.

Elle resta parfaitement éveillée jusqu'au lendemain.

Combien elle se trouvait heureuse d'avoir pu procurer à sa bonne mère une bonne nuit de repos!

Néanmoins la mère tomba malade quelque temps après.

Elle se remit bientôt; mais les forces revenaient lentement.

Le médecin avait dit devant Marie que, si la malade pouvait boire un peu de vin chaque jour, ses forces seraient bientôt rétablies.

Mais où la pauvre femme aurait-elle pris l'argent pour acheter du vin?

La maladie de Guillaume avait tant coûté!

Marie apprit que dans la maison voisine il y avait du bois à empiler dans une cave.

Elle pria qu'on la chargeât de cette besogne, promettant de s'en acquitter en peu de temps.

Après quatre heures de travail pénible, Marie avait gagné de quoi acheter du vin pour sa mère.

Elle courut en acheter, joyeuse de pouvoir soulager sa mère par son travail.

La mère en versa des larmes d'attendrissement.

Les Arbres.

Il fait maintenant bien chaud.

On ne peut plus rester au soleil.

Allons vers ce grand arbre qui est là-bas.

Son ombre nous garantira de la chaleur.

L'ombre des arbres fait grand plaisir en été.

Cet arbre est un chêne.

Le fruit du chêne se nomme *gland*.

Le gland sert à engraisser les porcs.

Examinons bien cet arbre.

La partie de l'arbre qui va de la terre aux premières branches se nomme le *tronc*, la *tige*.

En haut de la tige commencent les *principales branches*.

Il y a de petites branches qui tiennent aux grandes.

Aux branches tiennent des rameaux.

Les feuilles tiennent ordinairement aux rameaux.

Près des feuilles naissent des fleurs.

Pour certains arbres, les fleurs naissent avant les feuilles.

A chaque fleur succède un fruit.

Le fruit renferme ordinairement la *semence* de l'arbre ou de la plante qui le produit.

La semence est un fruit ou une graine qui sert à reproduire le végétal sur lequel elle est venue.

Ce qui recouvre le tronc et les branches de l'arbre se nomme *écorce*.

L'écorce est unie ou raboteuse.

Elle est mince ou épaisse.

La partie de l'arbre qui touche à l'écorce se nomme *aubier*.

Le bois qui est au milieu de l'arbre, dans la

longueur de la tige, se nomme le *cœur de l'arbre.*

L'aubier est moins dur que le cœur de l'arbre.

L'aubier est un bois imparfait.

Les parties par lesquelles l'arbre tient à la terre se nomment les *racines.*

Les racines sont comme le pied de l'arbre.

L'arbre se nourrit par les feuilles et par les racines.

L'arbre tire sa nourriture de la terre et de l'air.

Il y a dans un arbre vivant une eau, une liqueur qui va continuellement des racines aux feuilles, revient sans cesse des feuilles aux racines, et entretient ainsi la vie et la fraîcheur de l'arbre.

Cette liqueur se nomme *sève.*

La sève est comme le sang de l'arbre.

Les arbres qui composent les forêts se nomment *arbres forestiers.*

Ceux que l'on plante pour le plaisir des yeux ou pour avoir de l'ombre sont des *arbres d'agrément.*

Les arbres que nous plantons pour avoir des fruits sont des *arbres fruitiers.*

Voyez comme les arbres sont utiles !

Ils entretiennent la fraîcheur et l'humidité sur la terre.

Les arbres et les plantes purifient l'air et le rendent plus *salubre*, plus favorable à la santé.

Tous les arbres donnent du bois.

Le bois sert à entretenir le feu, dont on ne peut se passer.

Avec le bois, l'ébéniste fait des meubles.

Avec le bois, le charron fait des charrues, des charrettes et des voitures.

Avec le bois, le scieur de long fait des planches.

Avec les planches, le menuisier fait les portes et les planchers des maisons.

Avec les planches, le menuisier fait les croisées, les persiennes et les volets qui servent à fermer les fenêtres.

Avec le bois, le charpentier fait la charpente qui soutient le toit et les planchers des maisons.

Il en fait aussi des barques, des navires.

L'homme qui abat les arbres dans les forêts est un *bûcheron*.

On l'appelle ainsi parce qu'il coupe le bois en morceaux appelés bûches.

L'endroit de la maison où l'on serre les bûches se nomme *bûcher*.

Adèle.

Adèle dit un jour à son institutrice :

Madame, c'est dans un mois la fête de maman.

Je voudrais bien savoir lire alors dans tous les livres.

Quel bonheur, si je pouvais offrir cela pour bouquet à maman !

Je suis sûre que je lui ferais grand plaisir.

Maman m'aime beaucoup :

Je dois faire tout mon possible pour la contenter.

Adèle n'avait que cinq ans lorsqu'elle parlait ainsi.

Son institutrice en fut étonnée.

Elle embrassa cette aimable enfant, et lui promit de la seconder de tout son pouvoir.

Mais Adèle ne comptait que sur elle-même.

Elle savait bien que son institutrice, entourée d'une trentaine d'enfants, ne pouvait pas toujours s'occuper d'elle.

Adèle étudia seule comme une grande personne.

Seulement elle priait quelquefois ses voisines

de l'aider à déchiffrer certains mots difficiles.

Adèle s'appliqua de si bon cœur qu'au bout d'un mois elle savait lire dans tous les livres.

Le jour de la fête de sa maman, Adèle lut sans hésiter dans tous les livres qu'on lui présenta.

Lorsqu'elle eut fini, elle embrassa sa maman en lui disant :

Maman, je me suis bien appliquée pour vous donner une grande satisfaction.

Cette bonne mère, émue jusqu'aux larmes, serra sa fille dans ses bras.

Ma chère Adèle, lui dit-elle, tu ne pouvais me faire de plus grand plaisir.

T'instruire et bien remplir tous tes devoirs, c'est le plus beau présent que tu puisses faire à ta mère.

Il y a toujours liaison entre les phrases interrogatives suivantes et autres analogues.

Pourquoi vient-elle? que vous dit-on? qu'apprend-elle? que vend-il? où allaient-ils? que voulaient-ils? que fait-elle? que craint-il? que disaient-elles? que craignent-ils? que ferait-on? sommeillèrent-elles? l'ont-ils négligé? qu'épargnent-ils? signerait-elle? enseigne-t-on bien? sait-il conjuguer? où plongeait-on? s'en glorifient-ils? l'appuyait-on? parlaient-ils bien? que cherchent-elles?

Précéder et suivre.

George et Moïse voyagent ensemble et à pied.

Moïse, qui connaît le chemin, marche le premier, et George marche derrière lui.

C'est-à-dire que Moïse précède George, et que George suit Moïse sur la route.

Précéder quelqu'un, c'est marcher avant lui dans la même direction, en se dirigeant, en allant vers le même point.

Suivre quelqu'un, c'est marcher après lui dans la même direction.

Qu'est-ce que précéder quelqu'un?

Qu'est-ce que suivre quelqu'un?

S'il s'agit d'un emploi, d'une place occupée d'abord par George et ensuite par Moïse,

On dira que George a précédé Moïse, et que Moïse a succédé à George dans cet emploi, dans cette place.

On dira encore que George est le *prédécesseur* de Moïse, et que Moïse est le *successeur* de George dans cet emploi, dans cette place.

Le prédécesseur est celui qui est avant un autre.

Le successeur est celui qui vient après un autre.

Qu'est-ce qu'un *prédécesseur?*

Qu'est-ce qu'un *successeur?*

Appliquez le sens de précéder et suivre aux mots de cette phrase :

Vincent deviendra studieux.

Nous lisons de gauche à droite.

On ne peut donc compter les mots d'une phrase que de la gauche à la droite.

Le premier mot de cette phrase, celui qui précède tous les autres, est le mot *Vincent.*

Le mot *deviendra* suit le mot *Vincent*, et précède le mot *studieux.*

Le mot *studieux* suit le mot *deviendra*, et n'en précède aucun autre, puisqu'il est le dernier.

Prenez un phrase de trois mots, et indiquez l'ordre de chaque mot par rapport aux autres.

Germain.

Germain était un petit garçon bien beau, bien frais, bien gai et toujours de bonne humeur.

Il avait surtout un cœur excellent.

Il n'aurait pas mangé une poire ou une pomme sans en offrir la moitié à un petit ami.

Germain habitait un village avec ses parents.

Un jour, un beau monsieur de la ville lui apporta des pralines et une énorme brioche.

A la vue de ces bonnes choses, Germain ouvrit de grands yeux.

Il sauta de joie lorsque le beau monsieur lui dit que ces friandises étaient pour lui.

Germain remercia d'abord très poliment le monsieur.

Il porta ensuite la brioche et les pralines à son papa et à sa maman.

Mais c'est pour toi, Germain, lui dirent-ils; fais-en ce que tu voudras.

Le papa, qui connaissait le bon cœur de son enfant, fit signe au beau monsieur pour lui faire remarquer comment Germain allait se conduire.

Le papa eut à peine donné cette permission que Germain courut chercher ses petits camarades.

Il en rassembla une demi-douzaine, et leur distribua la brioche et les pralines, ne s'en réservant qu'une part semblable à celles des autres.

Il me semble voir encore le groupe d'enfants dévorant en silence un morceau de brioche d'une main, et tenant de l'autre main une poignée de pralines à moitié fondues par la chaleur.

C'était un tableau charmant.

Germain fit à merveille les honneurs de son petit goûter.

Il n'avait point reçu des leçons de politesse: mais son bon cœur le servait on ne peut mieux.

Il s'occupait de ses petits amis avec tant de grâce, il montrait une joie si franche de les voir contents, que c'était un véritable charme.

Le beau monsieur, enchanté de l'aimable Germain, le caressa beaucoup, et lui promit de lui procurer le même plaisir à son prochain voyage.

Voilà ce que gagnent les enfants qui ne sont pas gourmands et qui savent partager avec leurs amis.

On les aime, on les caresse, et on leur donne dix fois plus de friandises qu'aux autres.

La Rivière (1).

Allons nous promener vers la rivière.

Les grands arbres qui la bordent nous fourniront un ombrage agréable.

Nous n'avons pas beaucoup de chemin à faire pour y arriver.

La rivière coule près de la ville.

Nous n'en sommes qu'à quelques pas.

Nous y voici arrivés.

L'eau en est bien limpide aujourd'hui.

— Papa, descendons au bord de l'eau.

Nous regarderons les poissons.

— Je le veux bien, descendons.

Allez doucement ; le *lit* de la rivière est profond.

Les bords en sont assez *escarpés.*

Le lit de la rivière est cette sorte de fosse profonde où coule l'eau.

On appelle bords escarpés ceux dont la pente est rapide.

Suivons un peu le fil, le courant de l'eau.

Combien voyez-vous de poissons ?

(1) Voyez *L'Eau*, page 140.

J'en vois deux, trois, un peu gros; mais il y en a beaucoup de petits.

— Il serait impossible de les compter.

— Papa, voilà un homme qui marche dans l'eau.

— Il traverse la rivière.

Cet homme a passé la rivière à *gué.*

La rivière est guéable en cet endroit.

L'endroit où l'on peut traverser la rivière à pied ou à cheval dans l'eau se nomme le gué.

La rivière n'est pas guéable partout.

Et tous les gués ne sont pas bons.

Il faut toujours sonder un gué avant d'y passer.

Sonder un gué, c'est examiner combien l'eau y est profonde et si l'on peut le passer sans danger.

Un peu plus bas, nous verrons une autre manière de traverser la rivière.

Voyez-vous cette corde attachée à un gros arbre de chaque côté de la rivière?

Elle sert à contenir et diriger d'une rive à l'autre une sorte de barque carrée découverte que l'on nomme *bac.*

Le bac est sous la corde.

Il y a des bacs que l'on dirige avec des perches.

Bientôt ce bac sera remplacé par un pont, et cela vaudra mieux.

L'x final qui se lie au mot suivant se prononce comme z.

EXEMPLES :

Deux accords, six enfants, dix urnes, six experts, deux aunes, aux étriers, dix allées, aux armées, aux accusés, dix Allemands, six empreintes, dix épingles, deux extraits, six assauts, deux encensoirs, six augmentations, deux adeptes, un nombreux auditoire, les curieux importuns, le rigoureux aquillon, un pompeux étalage.

Le d *final qui se lie au mot suivant se prononce comme* t.

EXEMPLES :

Un grand homme, un profond abîme, un grand événement, que prétend-elle? que prétend-on? qu'entreprend-il?

Le g *final qui se lie au mot suivant se prononce* k.

EXEMPLES :

Un rang élevé, le sang humain.
(Obligez les élèves à faire ces deux devoirs.)

Antérieur et Postérieur.

Votre oncle est venu vous voir le lundi, et votre tante le mercredi de la même semaine.

Lequel des deux vous a visité le premier ?

— C'est mon oncle, Monsieur.

Le lundi est le deuxième jour de la semaine, et le mercredi en est le quatrième.

Le lundi arrive avant le mercredi.

La visite de mon oncle a donc eu lieu avant celle de ma tante.

— On peut dire d'une autre manière :

La visite de mon oncle est *antérieure* à celle de ma tante.

Antérieur signifie qui a lieu avant, qui arrive avant.

On peut dire encore :

La visite de ma tante a eu lieu après celle de mon oncle.

Ou bien, la visite de ma tante est *postérieure* à celle de mon oncle.

Postérieur signifie qui a lieu après, qui arrive après.

Le matin est antérieur au soir du même jour.

Le soir est postérieur au matin du même jour.

Germain partit le matin, et Charles partit le soir du même jour pour la campagne.

En parlant du départ de ces messieurs, on peut dire :

Le départ de Germain a eu lieu avant celui de Charles.

Le départ de Germain est antérieur à celui de Charles.

Le départ de Charles a eu lieu après celui de Germain.

Le départ de Charles est postérieur à celui de Germain.

Antérieur et postérieur se rapportent toujours au temps où quelque chose est arrivé.

Jérôme naquit en février, et Auguste en avril de la même année.

Employez les mots antérieur et postérieur en parlant de la naissance de Jérôme et de celle d'Auguste.

Ma cousine mourut au printemps, et mon cousin en automne de la même année.

Employez les mots antérieur et postérieur en parlant de la mort de ces parents.

(Obligez les élèves à faire ces deux devoirs.)

Sophie.

Sophie était on ne peut plus paresseuse.

A dix ans elle savait à peine coudre. Sa mère en était désolée.

Elle lui disait souvent :

— Si vous m'aimiez, vous chercheriez à me plaire en m'obéissant.

Croirait-on que je ne puis obtenir de vous une seule dent de feston par jour?

Vous ne saurez donc jamais travailler?

Je vous mettrai bientôt en apprentissage.

Là on vous forcera à travailler du matin au soir.

Sophie était d'ailleurs douce et aimable,

Et, comme elle aimait tendrement sa mère,

Elle prit la résolution de vaincre sa paresse.

Sophie allait à l'école.

Elle savait déjà bien lire, écrire et calculer.

En peu de temps elle apprit à broder sans rien dire à sa maman.

Pour prouver à sa mère qu'elle était réellement changée, elle dit à son institutrice :

— Madame, j'ai six francs dans ma bourse. Voulez-vous avoir la bonté de m'acheter de la mousseline pour une grande collerette? Je désire la broder pour maman, et la lui offrir pour le jour de l'an. Nous avons encore plus de deux mois d'ici là; En m'appliquant, j'aurai fini pour cette époque.

La maîtresse ne refusa pas de seconder une intention si louable.

Elle acheta la mousseline.

Sophie broda la collerette, et elle la fit monter par une habile ouvrière.

La veille du jour de l'an, elle enveloppa son cadeau dans une belle page de son écriture, et elle le posa sur le lit de sa mère pendant qu'elle était endormie.

Le lendemain elle passa chez sa mère pour lui rendre ses devoirs.

Elle y arriva au moment où sa mère ouvrait le papier et disait :

— Oh! la jolie collerette!

Qui m'a fait ce charmant cadeau?

Sophie se précipita dans ses bras.

— Quoi! mon enfant, ce serait toi!

Cette mère, émue, attendrie, couvrait sa fille de baisers.

— Ce moment me dédommage de tous mes soins, dit-elle.

Tu n'es donc plus paresseuse!

Aime le travail, remplis tous tes devoirs, et tu y trouveras le bonheur.

Ce jour se passa pour Sophie de la manière la plus agréable.

Sa bonne mère, qui s'était parée de sa collerette, disait à tout le monde que c'était l'ouvrage de sa fille.

En récompense de son aimable attention, Sophie reçut une jolie ombrelle qu'elle désirait depuis longtemps.

On m'assure qu'elle devint par la suite un sujet très distingué.

On ne doit point s'en étonner.

Sophie aimait sa mère, et elle suivait ses conseils.

L'Écureuil.

— Venez avec moi, ma bonne Louise.

Votre mère arrive aujourd'hui.

Allons au-devant d'elle.

Nous attendrons la voiture à l'entrée du bois.

Comme vous marchez vite!

Si vous allez comme cela, vous serez bientôt fatiguée.

Arrêtons-nous ici; nous serons à l'ombre sous ce gros chêne.

Ce gazon est si frais!

D'ici nous verrons arriver la voiture, et nous entendrons le chant des oiseaux.

— Quel est ce joli petit animal qui va si légèrement d'un arbre à l'autre?

Ce n'est pas un oiseau. Il est pourtant bien léger!

— C'est un écureuil.

Regardez comme il se pose gracieusement sur ses pattes de derrière!

Sa queue est relevée comme un panache au-dessus de sa tête.

Que ses petites manières ont de gentillesse et de vivacité!

Il se sert de ses pattes de devant pour porter ses aliments à sa bouche, absolument comme nous nous servons de nos mains.

L'écureuil s'apprivoise facilement.

Il n'attaque presque jamais les oiseaux.

Il se nourrit de fruits et de grains.

Il parcourt les forêts en sautant d'un arbre à l'autre, et construit son nid entre les branches avec des bûchettes qu'il entrelace.

Il le tapisse ensuite avec de la mousse, et il fait un toit pour que ses petits soient à l'abri de la pluie.

La chair de l'écureuil est bonne à manger, et on fait des pinceaux avec le poil de sa queue.

L'écureuil est le plus joli, le plus léger et le plus gracieux des *quadrupèdes*.

On appelle quadrupèdes les animaux qui ont quatre pieds, comme les chevaux, les chiens, etc.

Les animaux qui n'ont que deux pieds sont appelés *bipèdes*, comme les oiseaux.

Mais voici la voiture de votre maman; courons au-devant d'elle.

Si notre promenade d'aujourd'hui ne vous

a ni fatiguée ni ennuyée, nous pourrons revenir souvent ici.

Nous y apprendrons ensemble à connaître les animaux et les plantes du pays.

La liaison des consonnes finales a lieu dans les locutions suivantes :

Un affreux incendie. Les petites affiches. Un nombreux auditoire. De grandes inquiétudes. Matthieu est arrivé. Marcel est enchanté. Vos sœurs sont instruites. Elles sont agréables. Firmin s'est approché. Les canards sont éclos. Vos tantes sont ici. Votre oncle est enrhumé. Edmond est inappliqué. Fulvie est asthmatique. Nos yeux sont éblouis. La muraille s'est écroulée. Vos cousines sont imprudentes. Elles seront employées.

Encore les Personnes et les Choses.

Les personnes et les choses feront votre bonheur ou votre malheur.

Attachez-vous à les bien connaître.

On aime une personne selon qu'elle est bonne, instruite ou aimable.

Si vous voulez qu'on vous aime, soyez bons, instruisez-vous et montrez-vous aimables.

On aime une chose selon qu'elle est nécessaire, ou utile, ou agréable.

Une chose dont on ne peut se passer est une chose *nécessaire.*

La nourriture est une chose nécessaire.

Si nous ne mangions pas, nous mourrions de faim.

Ce que l'homme mange ou boit pour se nourrir se nomme nourriture.

La nourriture est bonne ou mauvaise, délicate et recherchée, ou bien simple et commune; elle est saine ou malsaine.

La nourriture la plus simple est presque toujours la plus saine.

Dans les pays froids, les vêtements chauds sont des choses nécessaires.

On comprend sous le nom de vêtements tout ce qui sert à couvrir le corps.

Si nous n'avions pas de quoi nous vêtir, nous mourrions de froid.

Un vêtement est chaud ou frais, il est simple ou recherché.

Les cabanes, les chaumières, les maisons, les palais que l'homme construit pour s'y loger, pour y habiter, se nomment des habitations.

Une habitation est une chose nécessaire.

Si nous n'avions point d'habitation, le froid,

la chaleur ou la pluie nous rendraient malades, et nous ne vivrions pas longtemps.

Une habitation est grande ou petite, élégante ou simple, saine ou malsaine, commode ou incommode.

Il y a donc trois choses nécessaires à l'homme : la nourriture, les vêtements et l'habitation.

Une chose dont on peut se passer est une chose *superflue.*

Les joujoux sont des choses superflues.

Il y a bien des enfants qui n'ont pas de joujoux, et qui n'en sont pas moins heureux.

Une chose qui fait plaisir est une chose *agréable.*

Un parterre où brillent beaucoup de belles fleurs est une chose agréable.

Il faut savoir se passer des choses superflues, et il est très bon de savoir se passer des choses agréables.

Chaque chose a un nom qu'il faut connaître. afin de pouvoir en parler.

Il est bon aussi de savoir à quoi une chose sert et comment elle doit être pour être vraiment bonne.

Une chose s'appelle aussi *objet.*

La Maison.

Une maison est ordinairement composée de plusieurs pièces ou chambres.

S'il y a plusieurs pièces les unes au-dessus des autres, la maison a plusieurs étages.

Les fenêtres placées les unes au-dessus des autres indiquent le nombre d'étages de la maison.

Il y a ordinairement plusieurs pièces à chaque étage.

Tout ce que l'on voit d'une maison du dehors, en se plaçant en face, se nomme la *façade*.

Les parties de la maison les moins élevées au-dessus de la rue forment le *rez-de-chaussée*.

Les parties de la maison que l'on rencontre les premières en montant l'escalier appartiennent au *premier étage*.

Viennent ensuite le deuxième, le troisième, le quatrième et le cinquième étage.

Entre le premier étage et le rez-de-chaussée, il y a souvent un étage, qu'on appelle pour cela *entre-sol*.

Le cinquième, le quatrième et le troisième étage sont les étages *supérieurs*.

On les appelle supérieurs parce qu'ils sont situés plus haut.

Les autres étages sont appelés *inférieurs*, parce qu'ils sont situés plus bas.

Ainsi, quand il s'agit de la position des choses, supérieur signifie plus haut, inférieur signifie plus bas.

C'est ainsi qu'une armoire et une bibliothèque ont des rayons supérieurs et des rayons inférieurs.

La pièce de la maison où l'on prépare le repas se nomme la *cuisine*.

La pièce de la maison où l'on mange est la *salle à manger*.

Les pièces d'une maison dans lesquelles on place des lits pour coucher se nomment *chambres*.

La plus belle place de la maison, où l'on reçoit les étrangers, est le *salon*.

La pièce de la maison dans laquelle le maître de la maison se retire pour écrire, travailler, se nomme le *cabinet*.

Les ouvertures que l'on fait à une maison

pour y laisser pénétrer le jour et l'air s'appellent les *fenêtres.*

Ce qui sert à fermer une fenêtre se nomme les *volets*, les *persiennes*, ou la *croisée.*

La croisée est cette partie de la fermeture où sont les vitres.

La croisée garantit la chambre de l'air extérieur en y laissant pénétrer le jour.

La croisée est ordinairement en dedans, ou à l'*intérieur.*

Les autres parties de la fermeture sont en dehors, ou à l'*extérieur.*

La persienne laisse pénétrer le jour et l'air.

Les volets interceptent tout à fait le jour, l'empêchent de pénétrer dans la chambre.

Eulalie.

Quelle est cette jolie petite fille qui joue avec plusieurs autres enfants?

Elle paraît plus propre et mieux mise que ses compagnes.

Elle se tient bien, et évite avec soin ce qui pourrait salir ou déchirer sa robe.

— Cette petite fille se nomme Eulalie; je la connais beaucoup.

Elle est aussi bonne que jolie.

Elle a toujours une toilette bien fraîche, parce qu'aussitôt rentrée à la maison, elle quitte son châle, son chapeau, et fait attention de ne pas chiffonner sa robe.

Dans sa petite chambre il y a une place pour chaque chose, et chaque chose est à sa place.

Jamais on n'y voit rien traîner sur les meubles.

Elle sait que les enfants qui ont de l'ordre usent peu, et qu'ils ont toujours un air de propreté qui fait plaisir à tous ceux qui les voient.

Elle n'a que huit ans, et elle fait déjà de fort jolis ouvrages.

Dernièrement elle a envoyé à son oncle une paire de pantoufles qu'elle lui avait brodées.

L'oncle, enchanté de l'adresse de sa nièce, lui donna pour récompense un joli nécessaire dans lequel Eulalie trouve tout ce qu'il lui faut pour travailler.

Pour la fête de sa mère, elle a toujours à présenter, avec son bouquet, quelques jolis ouvrages auxquels elle a travaillé avec soin.

Eulalie ne se contente pas de s'appliquer à sa broderie : elle sait que, pour satisfaire entièrement ses parents, elle doit aussi obtenir des succès dans ses études, et avant d'arriver en classe, elle étudie attentivement ses leçons.

C'est en continuant à remplir ainsi tous ses devoirs qu'Eulalie deviendra une jeune personne aimable et instruite, comme elle est à présent une charmante petite fille.

Mlle HARMAND.

L'h muet n'empêche pas la liaison des mots.
L'h est muet dans :

Les habits, des Hébreux, ces herbes, ces heures, aux heureux, dix hiatus, des hommes, ces honneurs, six hosties, huit hôtels, vos hôtels, les huiles, nos huissiers, des huîtres, les humains, aux humeurs, mon hirondelle, vos habitudes, deux hectogrammes, trois hectolitres, dix hectomètres, cinq hectares, les deux hémisphères, deux héritages, les héritiers, nos historiens, trois historiettes, deux hivers, mes hommages, cinq homonynes, trois horloges, des horreurs, vos hospices, des humiliations, quels hymnes, les hypocrites, les hypothèques, ces hypothèses, nous honorons, vous honorez, ils hésitent.

L'h aspiré empêche la liaison des mots.
L'h s'aspire dans :

Les haras, les hachoirs, des haillons, des halles, ces hameaux, mes hanches, ces hardes, ces harengs, les hauteurs, un héraut, des héros, les hiboux, trois houppes, trois hures, les hunes, nos huttes, des hêtres, deux herses, des hausses, ces havres, les hasards, nos harpons, ces harpies, deux hases, mon hameau, mon hibou, mon hareng, un hanneton, son hamac, des hannetons, des haricots, des hérons, nous hachons; vous hacheriez, ils hachèrent, nous haïssons, vous haïssez, ils haïssent, nous hâtions, elles hâtaient, vous heurtiez, ils heurtent.

Encore la Droite et la Gauche.

Ce qui est à droite quand vous allez vers un bout de la rue, se trouve à gauche quand vous retournez vers l'autre bout.

Nous avons déjà dit cela.

Il y a des rues qui ont deux trottoirs, un de chaque côté de la rue.

Si deux personnes partent chacune d'un bout opposé de la même rue pour aller à l'autre bout, et si elles prennent chacune le trottoir qui est à sa droite, ces personnes ne peuvent se rencontrer sur le même trottoir sans traverser la rue.

Elle ne peuvent donc se gêner en marchant.

Lorsque tout le monde aura soin de prendre ainsi la droite, on circulera bien plus facilement dans les rues et sur les routes.

Quand deux voitures ou charrettes se rencontrent allant l'une vers l'autre dans une rue ou sur une route, chaque cocher ou conducteur doit diriger sa voiture vers le côté de la rue ou de la route qui est à sa droite.

C'est une règle de police.

Si cette règle était observée ponctuellement, on aurait bien moins d'accidents à déplorer.

Une rivière a aussi deux côtés.

Les côtés d'un ruisseau, d'une rivière ou d'un fleuve se nomment *rives.*

Les rives d'un ruisseau, d'une rivière ou d'un fleuve se nomment, l'une la rive droite et l'autre la rive gauche.

Et comme l'eau d'une rivière ou d'un fleuve coule toujours vers le même point, la *rive droite* est toujours la rive droite, et la *rive gauche* est toujours la rive gauche.

La rive droite d'une rivière, d'un fleuve, est le côté que l'on a à droite quand on suit en marchant le courant de l'eau.

Le côté opposé se nomme la rive gauche.

Bercy et Chaillot sont sur la rive droite de la Seine.

On peut aller de Bercy à Chaillot sans traverser le fleuve.

Le Jardin des Plantes est sur la rive gauche, et le Jardin des Tuileries est sur la rive droite de la Seine.

On ne peut aller du Jardin des Plantes aux Tuileries sans traverser la Seine.

L'Hôtel de ville est sur la rive droite, et l'hôtel des Monnaies est sur la rive gauche de la Seine.

On ne peut aller de l'Hôtel de ville à l'hôtel des Monnaies sans traverser les ponts.

Le palais de l'Institut est sur la rive gauche, et le palais des Tuileries et le Louvre sont sur la rive droite de la Seine.

On ne peut aller du Louvre à l'Institut sans traverser le fleuve.

Que faut-il pour écrire?

Pour écrire, il faut du papier, des plumes et de l'encre.

Justement ces choses-là se trouvent dans une espèce de boîte qui est devant vous sur ce bureau.

Cette espèce de boîte s'appelle une écritoire.

Il y a de plus dans une écritoire des pains à

cacheter, de la poudre ou sable et un encrier.

La poudre ou sable fin sert à sécher l'écriture, afin qu'elle ne puisse être effacée.

Les pains à cacheter servent à cacheter les lettres avant de les envoyer à la poste.

Une écritoire est une boîte dans laquelle on renferme tout ce qu'il faut pour écrire.

Un encrier est un petit vase de verre, de métal ou de terre, dans lequel on met de l'encre.

L'encre est une liqueur ordinairement noire avec laquelle on écrit.

Qu'est-ce qu'une écritoire?

Qu'est-ce qu'un encrier?

La Propreté.

Jenny salue avec beaucoup de grâce.

Elle répond très poliment, en ajoutant toujours Monsieur ou Madame.

Elle n'interrompt point les personnes qui parlent.

On ne la voit point passer et repasser devant le monde.

Jamais elle ne demande à boire ou à manger hors de la maison.

Elle évite de faire du bruit en jouant.

Jenny est bonne, douce et complaisante.

Cependant on ne l'aime pas, et l'on chérit Clémence, sa sœur.

D'où cela peut-il provenir?

Je crois pouvoir vous le dire.

Jenny déplaît parce qu'elle n'est pas propre.

A peine est-elle habillée que sa robe est pleine de taches.

Presque toujours ses mains et sa figure sont sales.

Dans cet état, qui oserait l'embrasser?

On la regarde à peine.

Clémence est d'une propreté qui enchante.

Cette qualité relève toutes les autres.

La propreté rendrait aimable l'enfant le plus laid.

Jenny finit par bien comprendre cela, et elle résolut d'imiter sa sœur.

Dès lors on la vit éviter tout ce qui pouvait la salir ou gâter ses habits.

Sitôt que, par nécessité, elle touchait quelque chose de malpropre,

Elle se lavait les mains.

Jamais elle ne portait les doigts à son nez ou à sa tête.

On ne la voyait jamais cracher à terre, ni éternuer sans mettre son mouchoir devant son visage.

Elle prenait pour modèle les petites filles les mieux élevées.

Enfin elle fit si bien qu'en peu de temps on trouva les deux sœurs également propres, également aimables.

Il y a encore liaison dans les locutions suivantes et autres semblables où se trouvent les monosyllabes en, on.

Voyez s'il en est temps. Le ciel en a disposé. N'en abusez jamais. En attendant le repas. Il en eut le courage. Vous en êtes certain. Il y en a vingt. On attend l'occasion. On entend du bruit. On en resta au soupçon. On en est bien revenu. On en est convenu. L'on en a besoin. On le fera en entier. Je m'en irai bientôt. Il faut s'en abstenir. En avoir un autre. On vous en a fait. On aura tout brouillé. Jean va en Allemagne. Louis va en Espagne. Victor ira en Italie. Félix ira en Amérique. On en avait très peu. On en aura moins.

Meubles et Immeubles.

Une chaise est un *meuble.*
Un fauteuil est un meuble.
Une table est un meuble.

Une commode est un meuble.

Les lits, les pendules, les sophas, etc., sont aussi des meubles.

On appelle ces choses-là meubles, parce qu'on peut les mouvoir, les changer de place.

On dit aussi le *mobilier* d'une maison, pour dire les meubles de cette maison.

Les choses que nous possédons et qu'on ne peut changer de place se nomment *immeubles.*

Une maison est un immeuble.

Un jardin est un immeuble.

Un champ, un pré, une vigne, une forêt. sont des immeubles.

Tout ce qu'une personne possède en meubles forme sa fortune mobilière.

Les maisons et les terres qu'une personne possède forment sa fortune immobilière.

Les petits Gâteaux.

Le pâtissier d'un village portait sur sa tête une corbeille de gâteaux.

Comme il était pressé, il en laissa tomber quelques-uns sans s'en apercevoir.

Un petit garçon, appelé Colin, qui marchait à quelques pas derriere lui, vit tomber les gâteaux; il courut les ramasser, et les rendit à l'homme.

— Je vous remercie, mon petit ami, lui dit celui-ci. Mais n'avez-vous pas été tenté de les manger?

— Non, parce que cela aurait été vilain de ma part, répondit le petit garçon; ces gâteaux sont à vous, et je ne dois pas prendre ce qui ne m'appartient pas.

— Voilà qui est fort bien pensé, répliqua le pâtissier. Vous avez fait votre devoir en me rendant mes gâteaux; mais, puisque vous avez été si honnête, je vais vous en donner deux pour votre récompense.

Colin les reçut en le remerciant, et il alla vite partager ce déjeuner friand avec son petit frère, ainsi que doit le faire tout enfant qui a bon cœur.

Le pâtissier, en poursuivant sa route, laissa tomber quelques autres gâteaux de sa corbeille, car elle était beaucoup trop pleine.

Un autre enfant, appelé Étienne, les voyant tomber à terre, courut les ramasser.

Mais il ne fut pas aussi honnête que le premier; car, au lieu de les rendre au pâtissier, il se mit à les manger goulûment.

Comme le pâtissier se retournait, il le prit sur le fait, un gâteau à la main, et lui dit :

— Qui vous a donné ce gâteau?

— Je l'ai trouvé, répondit le petit glouton, et je le mange.

— Mais il m'appartient, répliqua le pâtissier.

Lorsqu'il est tombé de ma corbeille, vous auriez dû m'en avertir et me le rendre. Eh bien, puisque vous vous êtes comporté comme un petit voleur, je vais vous corriger d'importance.

A ces mots, le pâtissier ôta sa corbeille de dessus sa tête, courut à toutes jambes vers le petit garçon qui s'enfuyait, et, l'ayant atteint, le frappa rudement.

Les cris que poussait le malheureux Étienne étaient épouvantables; son papa les entendit, et il accourut aussitôt pour défendre son fils. Lorsqu'il eut appris la raison du châtiment, il remercia le pâtissier de l'avoir corrigé d'une si bonne manière.

Ensuite il lui paya les gâteaux que son fils avait mangés, et il emmena celui-ci dans sa maison pour le punir encore plus sévèrement de son indigne conduite.

Le Feu.

Venez vous chauffer, mon enfant ;
Le froid vous fait grelotter.
Cela ne m'étonne point : il fait un froid rigoureux.
Les ruisseaux sont gelés.
Fermez bien cette porte.
Empêchons l'air de pénétrer ici.
Approchez-vous du feu.
Chauffez-vous bien.
Quel plaisir de se chauffer !
— Ah ! quel malheur, le feu s'éteint !
— N'en soyez pas en peine, mon enfant.
Le feu ne s'éteindra point.
Je vais y mettre du bois.
Voyez comme le bois brûle !
C'est avec le bois qu'on entretient le feu.
On l'entretient aussi avec du *charbon*.
Le charbon est du bois à demi brûlé.
On entretient aussi le feu avec de la *houille*.
La houille est une sorte de charbon qui ressemble à de la pierre noire, et que l'on trouve dans la terre.
On l'appelle aussi charbon de terre.

On entretient encore le feu avec une sorte de terre noire que l'on nomme tourbe.

Tout ce qui sert à entretenir ou à alimenter le feu se nomme *combustible*.

Combustible signifie qui peut brûler.

Le bois, le charbon, la houille et la tourbe sont des combustibles.

Le feu sert à faire cuire le pain, la viande, les légumes et la plus grande partie des *aliments*, c'est-à-dire ce qui sert à notre nourriture.

C'est le feu qui nous réchauffe quand nous avons froid.

On produit du feu en frottant deux cailloux l'un contre l'autre.

On fait du feu en frottant un caillou contre un morceau d'acier ou briquet.

On allume du feu en frottant deux morceaux de bois sec l'un contre l'autre.

Les sauvages emploient ce dernier moyen.

La consonne finale de l'adjectif se lie toujours avec la voyelle initiale du mot qu'il détermine ou qu'il qualifie.

Aucun indice. Aucun accident. Un certain homme. Un certain embarras. Un bon avocat. Un bon enfant. Un vain obstacle. En plein hiver. Un plein avantage.

Un bon ouvrier. Un ancien instituteur. Un ancien ouvrage. Un commun intérêt. D'un commun accord. Le lointain horizon. Un prochain empire.

Eugénie.

Eugénie est très docile.

Voici un trait qui le prouve bien.

Elle a été ces jours derniers rendre visite à M. Puiné, et l'a trouvé qui mangeait des petits gâteaux et du pain beurré.

M. Puiné l'a invitée fort obligeamment à en manger.

Mais Eugénie lui a dit :

— Monsieur, je vous remercie, je n'en mange jamais. Je vous prie de me donner seulement un morceau de pain.

Madame Puiné l'a priée de la manière la plus pressante de ne pas les refuser.

— Mangez donc de ces petits gâteaux, ma belle amie, lui a-t-elle dit; je les ai fait acheter exprès pour vous, parce que nous vous attendions.

Je suis sûre qu'un petit morceau ne vous fera point de mal. Ils sont fort bons.... Allons! faites-moi le plaisir d'en manger.

Eugénie était trop sage pour faire ce qu'on lui avait défendu; elle a donc remercié fort honnêtement madame Puiné en lui disant :

— Je vous supplie de m'excuser, Madame, je n'en saurais manger; et papa et maman m'ont expressément défendu de manger du beurre et de la pâtisserie.

Je suis sûre que papa et maman savent mieux que moi ce qui me convient.

— Vraiment, a repris madame Puiné, vous êtes une aimable enfant! Tenez, ma chère Eugénie, voici une pomme et deux oranges.

Mangez-les, je vous prie, car je ne pense pas qu'elles vous soient défendues.

Eugénie les a reçues avec reconnaissance et a offert une partie de chacune à sa petite amie.

Quand Eugénie s'en est retournée chez elle, cette dame l'a chargée, pour sa maman, d'une petite lettre dans laquelle elle lui disait :

« Que vous êtes heureuse, Madame, d'avoir une fille si docile! Eugénie s'est conduite chez nous comme si vous y aviez été. Nous n'avons pu lui faire accepter des tartines ni des petits gâteaux, parce que vous lui aviez défendu d'en manger. »

La mère d'Eugénie l'a embrassée tendrement.

Son papa, également satisfait de son obéissance, lui a fait beaucoup de caresses, et le lendemain matin il lui a donné une jolie montre.

Eugénie aime mieux sa montre que les petits gâteaux, qui auraient été mangés en un moment.

Elle jouira au contraire fort longtemps de ce joli cadeau.

Mais ce qui servira bien plus encore à rendre Eugénie heureuse, c'est la tendresse de son papa et de sa maman pour elle.

Porter et Apporter.

Gustave, Louise et leur maman déjeunaient sous une treille dans le jardin attenant à leur maison.

Cette partie de plaisir était la récompense de leur bonne conduite et de leur application.

La grand'maman, l'aïeule des enfants, était encore dans sa chambre, d'où elle ne sortait qu'après son déjeuner.

En mangeant d'excellent raisin muscat, les enfants pensèrent à leur grand'mère.

— Une grappe de ce raisin muscat ferait bien plaisir à notre bonne aïeule, dirent-ils.

— Votre pensée me plaît beaucoup, dit la maman.

J'aime que vous songiez à vos amis quand vous avez du plaisir.

Justement, ma mère va déjeuner tout à l'heure.

Je n'ai pas oublié qu'elle aime bien le raisin.

Allons ! Gustave, choisis la plus belle grappe ; choisis-en même plusieurs, et *porte*-les sans tarder à ta grand'maman.

Tu reviendras par la cuisine, où tu demanderas un panier que tu m'*apporteras*.

Je veux cueillir quelques fruits pour garnir le buffet.

Toi, Louise, prends ce tabouret cassé, *porte*-le au jardinier, et dis-lui de le faire réparer le plus tôt possible.

A ton retour tu passeras par le bosquet, tu y prendras un tabouret neuf, et tu l'*apporteras* ici.

Les choses qui sont ici, on peut les *porter* ailleurs.

Celles qui sont ailleurs, on peut les *apporter* ici.

On *porte* quelque chose ailleurs de l'endroit où l'on est.

On *apporte* quelque chose d'ailleurs à l'endroit où l'on est.

Employez les mots *porter* et *apporter*.

La Petite Aglaé.

Aglaé est une charmante enfant ; elle est surtout bien polie.

Elle n'oublie jamais de dire madame, si c'est une dame qui lui parle, ou monsieur, si c'est un homme, en sorte qu'on l'appelle ordinairement l'aimable Aglaé.

L'autre jour, une dame qui venait voir sa maman l'a appelée.

— Venez, ma petite amie, lui a dit cette dame, venez, que je vous embrasse, parce que vous êtes bien honnête.

Voilà aussi une nouvelle poupée et un petit cabaret que je vous apporte.

La petite Aglaé lui a fait une jolie révérence et lui a dit :

— Je vous suis bien obligée, Madame.

Puis elle a couru montrer ses bijoux à sa sœur, car elle partage avec elle tous ses plaisirs.

Elle la laisse jouer avec son ménage et tous ses petits meubles, et quand elle a des pommes, des groseilles ou des gâteaux, elle en donne toujours la moitié à sa sœur.

Elle aime aussi beaucoup à travailler. C'est pourquoi sa maman lui a appris à ourler et à coudre.

J'ai vu une robe qu'elle a faite, dit-on, d'elle-même pour sa poupée.

Sa maman, pour l'en récompenser, lui a donné une paire de petits ciseaux et un joli sac à ouvrage brodé. Je suis bien sûre qu'Aglaé en aura bien soin.

L'Aube, l'Aurore, le Lever du Soleil.

— Levez-vous, mon enfant.

Et, comme il ne fait pas encore jour, voilà de la lumière.

Hâtez-vous d'achever votre toilette.

Et dites ensuite vos prières.

Je veux vous faire assister ce matin à un beau spectacle.

Partons tandis qu'il fait encore nuit.

Que le ciel est *serein!*

On n'y voit pas un seul nuage.

Quel doux éclat répandent ces milliers d'étoiles!

On dirait autant de flambeaux attachés à la voûte des cieux pour éclairer la terre.

Mais nous sommes déjà bien avancés dans la campagne.

Voyez-vous, à une trentaine de pas, cette petite élévation de terre?

C'est un *tertre.* Hâtons-nous d'y grimper.

Nous y voilà. C'est bien.

Ici rien n'arrêtera notre vue.

Nous pourrons regarder au loin tout autour de nous.

— Voyez donc, papa, comme le ciel devient clair de ce côté!

— Soyez bien attentif, mon ami.

Cette clarté naissante se nomme l'*aube* du jour.

Mais la voyez-vous grandir de plus en plus?

C'est le jour qui commence à *poindre.*

Toute cette partie du ciel se colore de teintes mêlées de jaune et de rouge.

A mesure que la lumière du jour devient plus brillante, les étoiles paraissent moins.

On n'en voit déjà plus.

C'est le jour qui empêche de voir les étoiles.

— Ah! papa, ne dirait-on pas que le ciel est en feu de ce côté?

— Cette clarté, plus brillante que l'aube, c'est l'*aurore.*

L'aurore annonce le lever du soleil.

— Ah! le voilà! il commence à paraître.

— On appelle cela le lever du soleil.

Comme il monte avec rapidité!

Tout à l'heure on n'en voyait qu'une faible partie.

Et déjà on l'aperçoit tout entier.

Il s'est levé.

— Oh! quel globe magnifique!

Non, je n'ai jamais rien vu d'aussi beau.

— Eh bien! mon ami, regretterez-vous le sommeil dont vous avez été privé?

— Moi, le regretter! Oh! je me lèverai

souvent de bon matin pour voir le lever du soleil.

— Vous ferez très bien, mon fils.

Voyez maintenant comme tout s'embellit autour de nous!

La campagne semble renaître avec le jour.

Quels doux concerts frappent nos oreilles!

L'alouette chante dans les airs, le merle dans les bois, et la fauvette dans nos jardins.

Tous les oiseaux célèbrent le retour de la lumière.

Tous bénissent à leur manière celui qui a fait le soleil.

Et nous, mon enfant, imitons les oiseaux.

Remercions Dieu d'avoir créé tant de merveilles pour embellir notre existence.

Dans beaucoup de mots qui finissent par deux consonnes dont la dernière seule est muette, c'est l'avant-dernière consonne qui se lie avec la voyelle *initiale*.

La voyelle initiale est celle qui commence le mot.

EXEMPLES EXTRAITS DE M. DUBROCA,

excellent juge en cette matière.

Le babillard incommode; un brouillard épais; un retard imprévu; avoir part au gâteau; le respect humain; un désert affreux; être d'accord avec lui;

et d'abord il sortit; il mord en riant; l'effort est grand; l'abord agréable; un fort investi; un port assuré; il dort en paix; l'art embellit tout; un sourd et muet; un sort affreux; un tort infini; il court en poste; il coupa court à cela.

L'Enfant poli et discret.

Julien est chéri, adoré de ses parents.

Il sort avec eux tous les jeudis et tous les dimanches, quand le temps est beau.

Son papa le conduit partout.

Julien est un enfant charmant.

Il est si réservé, si attentif, qu'on n'a jamais un reproche à lui adresser.

Savez-vous pourquoi?

C'est qu'avant de parler ou d'agir, il examine s'il fera bien ou mal.

Si Julien doute de ce qu'il doit faire, il prend conseil de ses parents.

Ah! combien j'aime les enfants qui se conduisent ainsi!

Quand Julien est en visite avec son papa ou sa maman,

Il reste découvert, et il se tient à l'écart jusqu'au moment où on le prie de se couvrir et d'avancer.

Julien ne parle alors que pour répondre à ce qu'on lui demande.

S'il raconte quelquefois en famille ou à ses amis ce qu'il a vu, il évite toujours de faire de la peine à ses camarades.

Il n'en dit jamais que du bien.

Il ne parle jamais en mal de personne, à moins qu'il n'y soit forcé.

Il est si poli, son maintien est si modeste, que tout le monde l'aime.

Chacun désire lui faire plaisir.

Partout on lui offre des bonbons, des fruits, des joujoux.

On aime à donner aux enfants gentils.

Mais Julien n'accepte jamais rien sans la permission de ses parents.

On parle souvent de la retenue et de la discrétion de Julien aux enfants de son âge.

Êtes-vous jamais allé voir les parents de cet aimable enfant?

Les attentions et les prévenances de Julien ont dû vous charmer.

L'avez-vous vu s'empresser pour prendre votre chapeau, avancer des sièges?

Mais ce qui a dû vous étonner davantage c'est la facilité avec laquelle Julien trouve toujours quelques mots polis à dire à chacun.

Ce que dit Julien, il le pense.

Il a un cœur excellent.

Les quatre Points cardinaux de l'horizon.

Je suis bien aise que vous ayez voulu revoir le lever du soleil du haut du même tertre.

Les paroles que l'admiration vous a inspirées à ce spectacle m'ont fait grand plaisir.

Je vous plaindrais si vous pouviez y rester insensible.

Vous avez fort bien reconnu l'aube et l'aurore.

Pendant que les oiseaux continueront leur concert journalier, je veux vous enseigner quelque chose.

Regardez bien tout autour de vous, bien loin, bien loin.

Ne vous semble-t-il pas que là-bas, tout autour de vous, le ciel va toucher la terre?

— C'est vrai, bien loin, tout autour de nous, le ciel paraît toucher la terre.

Cela fait comme un grand cercle.

— Retenez bien ce que je vais vous dire, mon enfant.

Ce point du ciel qui semble toucher la terre tout autour de nous, ce grand cercle, se nomme l'*horizon*.

Quelque part que vous soyez, partout où vous voyez le ciel, vous avez un horizon devant vous.

L'horizon change pour nous à chaque pas que nous faisons, c'est-à-dire que nous voyons un horizon différent.

Si nous voyons bien loin devant nous, *l'horizon est étendu.*

Si, au contraire, nous ne voyons pas loin, *l'horizon est étroit, borné.*

De quel côté du ciel, à quel point de l'horizon le soleil s'est-il levé?

— C'est de ce côté, papa.

— Eh bien, le côté du ciel, le point de l'horizon où le soleil se lève, se nomme le *levant.*

Voyez comme le soleil est déjà haut sur l'horizon.

Il s'élèvera ainsi de plus en plus jusqu'à midi.

A midi il s'abaissera peu à peu vers le côté de l'horizon opposé au levant.

Enfin, vers le soir, il disparaîtra sous l'horizon.

Alors on dira que le soleil se couche.

Le côté du ciel, le point de l'horizon où le soleil se couche, se nomme le *couchant.*

Tournez-vous vers le levant.

Vous voilà fort bien, restez ainsi.

Le côté du ciel, le point de l'horizon qui est maintenant à votre droite se nomme le *midi.*

Le midi est également éloigné du levant et du couchant.

Le côté du ciel, le point de l'horizon qui est maintenant à votre gauche, se nomme le *nord.*

Le nord est également éloigné du couchant et du levant.

Le levant, le couchant, le nord et le midi se nomment les quatre points cardinaux.

Le nord s'appelle aussi *septentrion.*

Le septentrion et le nord sont une même chose.

Le midi prend aussi le nom de *sud.*

Le sud et le midi sont une même chose.

Le levant se nomme encore *est* ou *orient*.

Le levant, l'est et l'orient sont une même chose.

Le couchant prend aussi les noms de *ouest*, *occident*.

Le couchant, l'ouest et l'occident sont une même chose.

Le même M. Dubroca prétend que c'est la dernière consonne qui se lie dans les locutions suivantes :

L'art oratoire; il fut percé de part en part; on compta comme de clerc à maître; traiter de Turc à More; un fort argument; c'est fort heureux; il est fort aimable; c'est fort étonnant, il m'a fort ennuyé; un court entretien; Marc-Antoine; l'arc-en-ciel.

Théodore ou l'Écolier exact.

— Connaissez-vous l'enfant qui vient de passer près de nous?

— Je crois l'avoir vu quelquefois, mais j'ignore son nom.

— Il s'appelle Théodore.

C'est un garçon des plus intéressants.

Tous ses maîtres l'aiment et le citent comme un modèle d'ordre et d'exactitude.

Il est prêt en tout à l'heure précise.

— Comment fait-il donc?

— Je veux bien vous en dire quelque chose :

Le matin on n'a jamais besoin de l'appeler deux fois.

Il arrive même qu'il se lève sans qu'on l'appelle.

Dans un instant il est levé et habillé.

Cependant vous chercheriez en vain le moindre désordre dans sa toilette.

Son visage et ses mains sont lavés on ne peut mieux.

Savez-vous pourquoi il est si tôt habillé?

Le soir, en se déshabillant, il arrange ses vêtements d'une telle façon qu'il pourrait toujours s'habiller sans lumière.

Chaque pièce de ses vêtements se présente dans l'ordre où il doit la mettre.

Vous voyez qu'il doit cette facilité à ses soins de la veille.

Théodore arrive toujours le premier dans la salle où se fait la prière en commun.

A l'étude il est toujours le premier placé, le premier à l'ouvrage.

On comprend pourquoi il a toujours fait ses devoirs avant ses camarades.

Théodore ne lambine jamais en rien.

Il est toujours entier à ce qu'il fait.

Demande-t-on les leçons :

Il n'en est jamais en peine.

Il n'a pas attendu l'heure de la classe pour les étudier.

En classe, il est tout à la parole du maître ou aux devoirs qu'on lui donne.

Voilà pourquoi il répond souvent sur des choses qui embarrassent ses camarades.

Ses devoirs sont toujours faits avec un soin extrême.

On ne doit point s'en étonner :

Ce que l'on fait sans distraction est ordinairement bien fait.

En récréation, Théodore joue avec un plaisir, une ardeur qui met tout en train.

C'est lui qui forme et dirige les parties.

Au premier coup de cloche, il quitte le jeu sans regret.

Son plus grand plaisir est de bien faire tout ce qu'il fait et d'être exact à tous ses devoirs.

C'est à cela seul qu'il doit d'être le meilleur élève de sa classe, car il travaille avec des enfants plus intelligents que lui.

Mais à quoi bon l'intelligence, si l'on

ne travaille point ou si l'on travaille mal?

On n'arrive à rien sans travail; le travail peut faire arriver à tout.

Le Crépuscule du soir; le Lever de la Lune.

— Henri, mettez votre chapeau;

Vous viendrez avec moi.

— Où irons-nous, papa?

— Nous voulons voir le coucher du soleil.

Nous irons sur le tertre d'où nous avons vu son lever.

Partons le plus tôt possible.

Il ne fait déjà plus chaud.

Nous sommes de nouveau dans les champs.

La campagne n'est pas aussi belle que le matin.

On n'entend aucun oiseau.

On ne voit pas si bien au loin.

Une sorte de poussière semble répandue dans l'air.

Nous voilà sur le tertre.

Le soleil est déjà bien bas.

Il touchera bientôt à l'horizon.

On n'en voit déjà plus qu'une partie.

— Ah! comme il s'enfonce!

On ne le voit déjà plus!

Le soleil est maintenant couché.

— Comment se nomme le côté, le point de l'horizon où le soleil vient de se coucher?

— Il se nomme le couchant, l'ouest ou l'occident.

— Regardez maintenant au levant et au couchant.

Le ciel n'est déjà plus aussi clair à l'est qu'à l'ouest.

Voyez comme le ciel est brillant à l'occident.

C'est comme ce matin, à l'est, quelques moments avant le lever du soleil.

Cette clarté ressemble à celle de l'aurore.

Elle est le commencement du *crépuscule* du soir.

Cette belle clarté va diminuer et s'abaisser peu à peu vers l'horizon.

Le crépuscule du soir commence au coucher du soleil, et finit à la nuit close.

Il n'y aura bientôt plus de clarté à l'horizon.

Alors la nuit sera close.

On ne voit plus le crépuscule.

La nuit est maintenant close.

Le temps est aussi beau que ce matin.

Le ciel est tout à fait serein.

On ne voit de nuage nulle part.

On y voit déjà beaucoup d'étoiles.

Que cette voûte est admirable!

Adorons Dieu qui nous a préparé un spectacle si beau.

— Comment trouverons-nous notre chemin?

— N'en soyez point en peine, mon fils.

L'auteur de ces belles choses y a pourvu.

Au besoin, les étoiles nous éclaireraient suffisamment;

Vous l'avez éprouvé ce matin.

Dieu nous a donné encore mieux que les étoiles.

Regardez ce côté de l'horizon.

Ah! c'est presque comme l'aube ou le point du jour.

On dirait que le jour va poindre.

— C'est la lune qui va se lever.

Cette clarté nous l'annonce.

La voilà! On en voit une partie.

Voyez comme elle monte vite!

La voilà tout entière sur l'horizon.

La lune est maintenant levée.

Voyez comme elle est rouge!

On peut regarder la lune.

Elle n'éblouit pas les yeux.

La clarté de la lune est très douce.

Vous voyez qu'il nous sera maintenant facile de retrouver notre chemin.

Remercions Dieu de la bonté avec laquelle il a pourvu à tous nos besoins.

Le soleil, la lune et les étoiles sont des astres.

Ils se lèvent à l'est et se couchent à l'ouest comme le soleil.

Quand un astre paraît à l'horizon du côté de l'orient, on dit qu'il se lève.

Quand un astre disparaît sous l'horizon du côté de l'occident, on dit qu'il se couche.

Il ne faut pas croire que les astres se lèvent et se couchent comme vous et moi.

Les astres sont toujours levés pour quelqu'un.

Quand ils disparaissent de notre horizon, ils paraissent sur un autre.

A tout instant le soleil se lève pour un pays et il se couche pour un autre.

On vous expliquera plus tard comment la terre, en tournant, présente à tout instant au soleil des pays différents, qu'il éclaire et réchauffe de ses rayons.

Ludovic.

Madame d'Orfeuil avait trois enfants, deux garçons et une fille.

Le plus âgé avait douze ans au plus, et Ludovic, le plus jeune, six ans à peine.

Madame d'Orfeuil tomba grièvement malade.

Les médecins qui entouraient son lit déclarèrent son *mal incurable.*

Un mal incurable est un mal dont on ne peut guérir.

En femme résignée à la volonté de Dieu, madame d'Orfeuil fit appeler un prêtre et reçut pieusement les sacrements.

Quand l'homme de Dieu se fut retiré, elle pria son mari de faire approcher ses enfants.

Elle voulait les embrasser avant de mourir.

L'aîné et sa sœur avancèrent en étouffant leurs sanglots.

Quant au plus jeune, il était disparu.

On l'appelle de toutes parts, on fouille dans tous les coins de la maison : peine perdue.

Son père, dont l'imagination se trouble de plus en plus, tremble que son fils ne soit tombé dans le bassin du jardin.

Il y court; mais, en passant sous un berceau de verdure, que voit-il?

Le pauvre Ludovic, à genoux, les mains jointes, les yeux remplis de larmes, priant avec des sanglots le Seigneur de rendre la santé à sa maman.

A cette vue, M. d'Orfeuil se prit à pleurer aussi en pressant son fils sur son cœur.

Or Dieu, qui exauce toujours avec bonté la prière des petits enfants, exauça celle du bon petit Ludovic.

Sa mère, tenue pour morte, revint à la vie et à la santé.

Quant aux mots qui finissent par plusieurs consonnes dont la dernière est *s*, c'est toujours cette dernière qui se lie avec la voyelle initiale et se prononce alors comme *z*.

Des fuyards arrêtés, des retards imprévus, les remparts emportés, des respects infinis, je perds un ami.

S'orienter.

Montons sur le clocher du village;
De là nous examinerons l'horizon.
La montée est assez pénible.
L'escalier est raide et étroit.

Nous voilà déjà sur le *comble* de l'église.

Le comble est au-dessus de l'église, entre le toit et la voûte.

Bientôt nous serons au palier des cloches.

Nous y voilà arrivés.

N'approchez pas des *ouïes*.

— Qu'est-ce que les ouïes?

— Les fenêtres, les ouvertures par lesquelles le son des cloches s'échappe, se nomment les ouïes du clocher.

Montons au sommet du clocher.

La partie la plus élevée d'un clocher, d'une montagne, se nomme le *sommet*.

Enfin nous voilà au sommet.

Nous avons devant nous, de tous les côtés, un horizon très étendu.

Il faut d'abord nous *orienter*.

— Qu'est-ce que s'orienter?

— S'orienter, c'est reconnaître où est l'orient et, par suite, où sont les autres points cardinaux.

Les points cardinaux marquent les quatre principales parties ou régions du monde.

Ils sont au nombre de quatre, et se nomment l'orient ou levant, le midi ou sud, le couchant ou occident, le septentrion ou nord.

On nomme aussi le levant l'est, et le couchant l'ouest.

Un point cardinal étant donné, il est aisé de trouver les autres.

Vous allez vous-mêmes vous en convaincre.

Il y a peu de temps que le soleil est levé.

Vous n'aurez donc pas de peine à trouver le levant ou orient.

Voyons, orientez-vous.

— Si je me tourne vers le soleil,

J'ai devant moi l'orient et derrière moi l'occident.

Dans cette position, j'ai le midi à ma droite et le nord à ma gauche.

C'est ainsi que l'on s'oriente au lever du soleil.

— Comment vous orienterez-vous au soleil couchant?

— Je me tournerai vers le soleil et je dirai :

J'ai devant moi le couchant ou occident.

Le levant ou orient est derrière moi.

Le nord est à ma droite et le midi à ma gauche.

C'est précisément le contraire au soleil levant.

— Sauriez-vous vous orienter au milieu du jour, à midi?

— A midi, le soleil est au milieu de sa course journalière ou d'un jour, entre l'est et l'ouest, vers le sud ou midi.

Je me place en face du soleil et je dis :

Devant moi est le midi ou sud.

Derrière moi est le nord ou septentrion.

L'est se trouve à ma gauche et l'ouest à ma droite.

— Vous savez donc vous orienter le matin, à midi et le soir.

Plus tard je vous enseignerai à vous orienter la nuit.

Examinons maintenant l'horizon.

Voilà une grande forêt au levant,

Et la rivière au couchant.

On voit une petite *colline* au nord.

Une colline est une petite montagne.

Et la route de Paris passe au sud du village.

Notre village a donc une forêt à l'est, une rivière à l'ouest, une colline au nord et une route au sud.

Si nous sortons par le nord du village, nous aurons une colline à gravir.

Si nous allons par le sud, nous rencontrerons la grande route.

Sortez-vous par l'est : vous aurez une forêt devant vous.

En sortant par l'ouest, il faudra traverser la rivière.

Supposons que vous fussiez égaré dans la forêt.

Comment reviendrez-vous au village?

— Je tâcherais de m'orienter.

Puisque la forêt est à l'est du village, le village est à l'ouest de la forêt.

Pour retourner au village, je regarderais vers l'ouest.

— Il est donc utile de savoir s'orienter.

Afin de pouvoir désigner d'une manière plus précise les lieux dont vous parlez, apprenez que le point de l'horizon qui est entre le nord et l'est s'appelle *nord-est*.

Le point de l'horizon qui est entre le nord et l'ouest s'appelle *nord-ouest*.

Le point de l'horizon qui est entre le sud et l'est s'appelle *sud-est*.

Le point de l'horizon qui est entre le sud et l'ouest se nomme *sud-ouest*.

Ces quatre nouveaux points de l'horizon se nomment *collatéraax.*

La Crainte de Dieu.

Guilbert, bûcheron de son métier, était un homme plein de bon sens.

Il ne parlait jamais mal de personne.

Il remplissait exactement tous ses devoirs et donnait de bons exemples et d'excellents conseils à son fils Célestin.

— Mon fils, lui disait-il souvent, crains Dieu, aime ton père, et tu seras un honnête homme.

— J'aime mon père, répondait l'enfant; Mais pourquoi craindrais-je Dieu?

Guilbert lui disait alors :

— Le bon Dieu a fait le soleil, la lune, les étoiles, la mer, la terre, ton père et toi;

Il est présent partout et il voit tout.

Mon fils, ajoutait-il d'un air pénétré, ne fais jamais rien de mal, même en secret.

Dieu a toujours les yeux ouverts sur toi.

Il punit le mal d'une manière terrible.

Cette bonne leçon, répétée presque tous les jours. demeura dans le cœur du jeune Célestin.

Bientôt il entra comme berger chez un laboureur du pays, nommé Thibaut;

Mais il voyait son père le soir et le matin.

Il y avait dans le village de Célestin un château qui appartenait à une vieille dame nommée madame de Beaupré.

Un monsieur riche vint passer quelques jours chez la vieille dame.

Ce monsieur aimait beaucoup la chasse.

Il vit Célestin, dont la figure gaie et franche lui plut,

Et il chercha à s'amuser à ses dépens pour l'éprouver.

— Qui sers-tu dans ce moment, mon enfant?

— Je suis le berger de M. Thibaut, pour vous obéir, dit Célestin en ôtant sa casquette.

— Et tu te nommes...?

— Célestin, pour vous servir, Monsieur.

— Écoute, Célestin; il faut que tu me vendes un mouton.

Je te donnerai ce bel écu tout neuf.

— Monsieur, ces moutons sont à M. Thibaut; adressez-vous à lui.

— Mon ami, il ne tient qu'à toi de gagner cet argent.

Tu diras à M. Thibaut que le loup a mangé le mouton.

— Je ne dirais pas la vérité et je serais puni.

— Qui te punirait, puisque personne n'en saura rien ?

— Dieu me voit et nous entend, Monsieur, il est présent partout.

Le monsieur eut beau lui offrir une poignée d'écus et de pièces d'or :

Le berger fut inébranlable.

Il répétait toujours :

— Dieu me voit, il me punirait.

A quoi me servirait alors d'avoir été riche ?

Célestin n'avait alors que dix ans.

Le monsieur ne voulut pas pousser plus loin cette épreuve, déjà trop forte.

Il se fit connaître à Célestin, le combla d'éloges, et lui recommanda de garder toujours cette crainte de Dieu, si nécessaire à tous les hommes.

Revenu au château, le chasseur raconta son aventure.

Madame de Beaupré voulut voir Célestin.

On fit appeler le jeune berger.

Il intéressa par ses réponses franches et raisonnables.

On parla de l'envoyer dans une pension pour le faire instruire.

Mais Célestin ne voulut point quitter son père.

Madame de Beaupré, attendrie du bon cœur de Célestin, fit venir Guilbert et lui donna de l'emploi dans ses possessions.

Le père et le fils ne se quittèrent plus.

Et un maître vint tous les jours au château pour donner à Célestin des leçons dont il profita étonnamment.

C'est ainsi qu'un enfant attaché à ses devoirs attire sur sa famille les bénédictions du ciel.

Sympathie Antipathie.

Depuis longtemps Léonard et Joseph aiment tous deux les mêmes choses.

Ils ont tous deux les mêmes goûts.

Ils sont toujours du même avis sur toutes choses.

Ils ont le plus grand plaisir à se trouver ensemble.

Enfin, depuis longtemps ils éprouvent la même *sympathie* l'un pour l'autre.

Avoir de la sympathie pour quelqu'un, sympathiser avec quelqu'un, c'est avoir les mêmes goûts que lui, c'est se sentir porté vers lui, se plaire avec lui.

Léonard a-t-il un moment de loisir : vite il court vers Joseph.

Joseph en fait autant de son côté.

Si Joseph éprouve une peine, Léonard la ressent ; il pleure avec Joseph.

Arrive-t-il quelque chose de désagréable à Léonard :

Joseph s'en afflige autant que lui.

Tout ce qui fait plaisir à l'un est agréable à l'autre.

Cette communnauté de sentiments double le plaisir et allège les peines.

La sympathie qui attire Joseph et Léonard l'un vers l'autre est devenue un attachement tendre, une douce amitié.

Léonard et Joseph sont des amis *intimes*.

Les amis intimes n'ont rien de caché l'un pour l'autre.

Ils s'aident en toute occasion et par tous les moyens possibles.

Heureux ceux qui ont de vrais amis !

Malheureux ceux qui haïssent et qui sont haïs!

La haine est un sentiment si pénible!

Julie et Lucie se virent pour la première fois avec peine.

Elles avaient de la répugnance à se trouver ensemble.

Elles ne tardèrent pas à remarquer que cet éloignement, c'est-à-dire cette *antipathie*, était *réciproque*, puisque chacune d'elles l'éprouvait pour l'autre.

Dans toutes les occasions, elles cherchèrent à se faire de la peine.

Les mots piquants, les regards méprisants amenèrent enfin entre elles une haine qui les rend aujourd'hui très malheureuses.

Plaignons Julie et Lucie, et souhaitons que leur haine s'éteigne bientôt.

Souvenons-nous que, si la sympathie amène l'amitié, l'antipathie produit souvent la haine.

Selon M. Dubroca il n'y a point de liaison dans les locutions suivantes :

L'aimant attire le fer. Un marchand en gros. L'assaillant intrépide. Un brillant impayable. Un calmant efficace. Un chant admirable. Un clinquant insi-

pide. Un commandant instruit. Un commençant appliqué. Un commerçant honnête. Un enfant obéissant. Un fabricant insdustrieux. L'ignorant entêté. L'intrigant adroit. Un penchant inouï. Un postulant éprouvé. Un-revenant imaginaire. Un tranchant émoussé. Uu aliment excellent. L'élément humide. Le déposant affirma. L'instant favorable. Un sergent en fonction. Le régent y assista. De l'orient au couchant.

Un enfant ne doit jamais rien cacher à sa mère.

Gabrielle et Henriette, se croyant seules un jour, se mirent à jouer.

Gabrielle, vive et bruyante, montait sur les chaises, culbutait tout.

Elle faisait un tapage affreux.

En courant par la chambre comme une petite folle, elle accroche une tasse et la fait tomber.

La tasse se brise en mille morceaux.

Ce petit accident arrête tout à coup les jeux

— Comment cacher cette faute à notre mère? s'écrièrent-elles.

Nous dirons que c'est le chat qui a cassé la tasse, dit Henriette.

— Non, reprit Gabrielle; car, en disant cela,

je rougirais, et maman verrait bien que je ne dis pas la vérité.

— Eh bien, reprit Henriette, jetons les morceaux.

Maman oubliera la tasse, et tu ne seras pas grondée.

— Je ne veux rien cacher à maman, répondit Gabrielle.

J'aime mieux lui avouer ma faute tout de suite.

Maman est si bonne!

Elle me la pardonnera, j'en suis sûre.

Mais, reprit-elle, si c'était toi, Henriette, qui eusses cassé la tasse, voudrais-tu mentir?

— Non, répondit Henriette.

Je mentirais pour toi, mais pas pour moi.

— Oh bien! moi de même, dit Gabrielle.

La maman n'était point sortie, comme les petites le croyaient;

Elle avait tout entendu.

Elle passa par un escalier dérobé:

Puis, feignant de rentrer, elle vint dans la pièce où étaient ses filles.

Henriette se plaça de manière à l'empêcher de voir les *tessons*.

Un tesson est un débris de poterie.

Gabrielle s'avança bien rouge et bien timide, prit la main de sa maman, et la baisa :

Maman, dit-elle, d'une voix basse, j'ai cassé une tasse sans le vouloir :

Je vous prie de me le pardonner.

En faisant cet aveu pénible, les yeux de la pauvre petite étaient remplis de larmes,

Car sa maman la regardait d'un air sévère qui lui perçait le cœur.

Henriette alors, par les plus vives caresses, sollicita et obtint la grâce de Gabrielle.

La maman, quittant son air sévère. leur dit avec bonté :

— Mes enfants, vous êtes déjà grandes, vous ferez bien de choisir d'autres jeux.

Surtout souvenez-vous qu'un enfant ne doit jamais rien cacher à sa mère et que mentir, même pour obliger sa sœur, est une faute très grave.

A ces mots, Gabrielle et Henriette parurent extrêmement surprises.

— Je ne veux point vous tromper, mes enfants, dit la maman,

Je n'étais point sortie.

J'ai tout entendu de la pièce voisine.

En venant ici par cette porte, j'ai voulu

vous laisser le mérite d'avouer vos torts.

Que ceci vous serve de leçon.

Il est au moins très difficile de se cacher aux hommes ;

Mais il est impossible de se cacher à Dieu, qui punit et récompense chacun selon ses *œuvres.*

Ce que nous faisons se nomme nos œuvres.

Les Chiffonniers.

Nous sommes sortis de bonne heure aujourd'hui.

Tâchons d'apprendre quelque chose.

Examinons ce qui se passe dans les rues.

Les domestiques balayent le devant des portes des maisons, et y entassent les balayures.

Un tombereau passera bientôt pour enlever tout cela, et les rues seront propres.

Chaque jour on en fait autant.

La propreté est une si belle chose !

— Mais que cherchent ces gens-là, avec leurs crochets, dans les balayures ?

— Regardez-les attentivement, et vous le saurez.

Ce sont des *chiffonniers*.

On les appelle ainsi, parce qu'ils ramassent les morceaux de vieux linge, les *chiffons* que l'on jette aux balayures.

— En voilà un qui ramasse les os et les morceaux de papier.

Il emporte aussi les morceaux de verre cassé.

Que fera-t-il de tout cela?

— Il le vendra, mon enfant.

Il y a dans les divers quartiers de Paris des personnes qui achètent les os, le vieux linge, les morceaux de papier et le verre cassé.

— Mais pourquoi achète-t-on ces tristes débris?

— Avec le vieux linge, ou les chiffons, on fait le papier sur lequel vous écrivez, le papier avec lequel on fait de jolis livres.

Avec les os on fait le noir d'ivoire ou noir animal, qui sert à faire le cirage et la couleur noire pour la peinture.

Avec les morceaux de papier on fait le carton, qui sert à faire les boîtes et à relier les livres, etc.

Les morceaux de verre cassé sont refondus,

et ils servent de nouveau à faire des bouteilles, des verres, des carafes, etc.

De cette manière rien n'est perdu.

Il arrive que des domestiques peu attentifs laissent tomber dans les balayures des pièces de monnaie et d'autres objets d'un certain prix.

On a vu des chiffonniers rendre ces objets à qui ils appartenaient.

Il ne faut pas trop compter sur cela.

Croiriez-vous que plus de six mille personnes vivent, à Paris, de ce que l'on jette aux balayures ?

Cela est pourtant très vrai.

Il y a même des gens qui font une belle fortune à ce commerce.

L'aimable Enfant.

Parlez-moi de la petite Marie. L'aimable enfant !

Quand sa bonne lui dit :

Mademoiselle, levez la tête,

Elle se tient si droite que c'est une merveille.

— Mademoiselle, marchez donc comme il faut.

Aussitôt elle met les pieds en dehors.

Enfin la petite Marie fait toujours ce qu'on lui commande, et il ne faut pas le lui dire deux fois.

Ses parents ont tant de joie de la voir obéir de si bonne grâce!

Toutes les dames du voisinage l'aiment beaucoup et prennent plaisir à la voir venir chez elles pour jouer avec leurs enfants.

Jamais il ne lui échappe une parole grossière, et qui est-ce qui peut dire qu'il lui a vu faire une chose blâmable?

Si quelqu'un l'interroge, elle répond d'une manière toute gentille; elle parle bien distinctement, parce qu'elle sait que ce n'est pas joli de parler entre ses dents.

Je crois qu'il y a peu d'enfants comme la petite Marie.

D'après le même M. Dubroca, il n'y a pas de liaison dans les locutions suivantes. Remarquez que ce sont encore des nasales.

Un paon admirable. Un faon encore jeune. L'Océan immobile. Un dessin important. Le serein est dangereux. Un seing indéchiffrable. L'Européen indus-

trieux. Un chien enragé. Un chrétien instruit. Un paroissien assidu. Un butin immense. L'ambition inquiète. La conviction entière. L'expression élégante. L'expédition heureuse. La question indiscrète. Un coin obscur. Un témoin oculaire. Un bataillon intrépide. Un bouffon ennuyeux. Un parfum agréable. Un sermon instructif.

Le Linge, le Papier.

— Avec quoi fait-on le papier?

— On fait le papier avec du vieux linge.

— Avec quoi fait-on le linge?

— On fait le linge avec le *lin*, le *chanvre* et le *coton*.

Le lin est une plante que l'on cultive dans les champs.

C'est avec l'écorce de la plante réduite en brins que l'on fait le linge.

La graine de lin sert à faire de l'huile.

On réduit la graine de lin en farine.

La farine de graine de lin est souvent employée par les médecins.

Le chanvre est aussi une plante que l'on cultive dans les champs.

Un champ ensemencé de chanvre se nomme *chènevière*.

La graine de chanvre se nomme *chènevis*.

Les oiseaux en sont friands.

C'est aussi avec l'écorce du chanvre réduite en brins que l'on fait le linge, la ficelle et les cordes.

On file les brins d'écorce de lin et de chanvre, et on en fait du fil.

Le fil de lin est fait avec le lin.

Le fil grossier est fait avec le chanvre.

C'est avec le fil que l'on fait la toile de lin. et celle de chanvre.

Le *cotonnier* est un arbuste des pays chauds.

Le coton se trouve dans une sorte de noix, que produit l'arbuste.

On file le coton comme le lin et le chanvre.

C'est avec le coton filé que l'on fait la toile de coton, le *calicot*.

La toile de coton blanche ou calicot, sur laquelle on met, on imprime des couleurs, se nomme *indienne*.

Les morceaux de vieux linge, ou chiffons de lin et de chanvre, donnent le meilleur papier.

Les chiffons de coton donnent du papier mou.

Avec les chiffons de linge fin, on fait le papier fin.

Les chiffons de linge commun donnent un papier commun, grossier.

Les chiffons de linge grossier servent à faire le carton.

On fait aussi le carton avec les rognures de papier, avec les morceaux de papier que l'on jette dans la rue.

Dans certains pays, on fait encore un linge grossier mais bon avec le *genêt*.

Le genêt est un arbuste à fleurs jaunes, que l'on sème dans les *terres incultes*.

Une terre inculte est une terre qu'on ne cultive point.

Julie et sa Maman.

JULIE.

Dites-moi, maman, si vous aimez Babet Colin?

LA MAMAN.

Oui, ma fille, je l'aime beaucoup.

— Oh! pourquoi l'aimez-vous tant? je ne vois pas ce qu'elle a d'aimable.

— Je l'aime, parce que c'est une brave femme.

— Mais elle est si drôlement habillée! elle a l'air si gauche avec son cornet et ses grosses manches!

— Il importe peu que les gens aient une toilette élégante et recherchée; pourvu qu'ils soient bons et honnêtes, tout le monde doit les aimer.

— Pour moi, je ne sais pas pourquoi je n'aime pas les gens qui ont une tournure gauche et qui son mal arrangés.

— Mais, ma fille, est-ce la faute des pauvres gens s'ils n'ont pas le moyen d'avoir de beaux habits? C'est fort mal à vous de ne pas les aimer, parce que leur manière de se mettre vous déplaît. Vous n'aimeriez donc pas votre petite sœur si elle n'était pas bien habillée?

— Mais, maman, je n'aimerais pas à lui voir porter une vilaine robe verte, comme la jupe de Babet Colin, ni un bonnet si mal fait.

— Comment, quand je suis en bonnet de nuit et que j'ai ma vieille robe bleue du matin, ne m'aimez-vous pas autant que quand je mets mon beau chapeau et ma robe brodée? Vous pouvez bien ne pas trouver ma robe jolie; mais je suis s re que, pour moi, vous m'aimez, quels que soient mes habits, n'est-ce pas, Julie ?

— Oh ! oui, maman, vous savez bien que je vous aime toujours.

— Mais pourquoi m'aimez-vous ?

— Parce que vous prenez soin de moi, parce que vous êtes bonne.

— Eh bien, Babet Colin prend soin de nos moutons ; elle est aussi bonne que moi, peut-être même l'est-elle davantage.

— Mais n'aimez-vous pas beaucoup mieux madame Dermot ? Quelles belles robes elle porte ! quels jolis chapeaux ! et puis des bagues si brillantes ! Oh ! c'est là une bien belle dame !

— Oui, ma chère, c'est une belle dame, et fort riche sans doute ; mais il faut avouer qu'elle pourrait être plus douce, plus aimable. N'avez vous pas entendu hier avec quel ton aigre elle parlait à ses gens, et même à sa sœur ? Je n'aime pas les personnes de mauvaise humeur. C'est pourquoi madame Dermot ne me plaît pas la moitié autant que Babet Colin, quoiqu'elle soit sans contredit bien mieux habillée.

— Mais, maman, vous aimez bien le petit

Léopold de Curcy, n'est-ce pas? Comme il est toujours élégant et bien mis !

— Oui, mais ce n'est pas à cause de son linge ni du drap fin de ses habits que je l'aime : c'est parce qu'il est bon garçon, qu'il s'applique bien, et qu'il fait tout ce qu'il peut pour contenter son gouverneur.

— Cependant il y a bien de la différence entre lui et jeune Jeannot le fils de notre cordonnier.

— Peut-être n'y en a-t-il pas d'autre que celle des habits. Le jeune Jeannot est un bien brave garçon : il est modeste, respectueux, obéissant ; il est toujours à travailler dans la boutique à côté de son père. C'est lui, dit-on, qui fait vos souliers. Que feriez-vous s'il refusait de vous en faire? Est-ce que vous iriez sans souliers, au risque de vous blesser les pieds ?

— Non ; mais ne pourriez-vous pas m'en faire, vous, maman, qui savez faire tant de jolies choses ?

— Non ; ma fille, je ne saurais comment m'y prendre, et votre papa ne le saurait pas davantage. Ni lui ni moi nous ne pourrions pas non plus bâtir une maison : ainsi nous avons des obligations à ceux qui ont bâti celle où nous demeurons, et nous devons les aimer même lorsqu'ils ont des habits malpropres. S'ils avaient de beaux habits, ils ne voudraient pas les gâter en travaillant avec de la chaux et des briques, et nous ne serions pas si bien logés.

— Il faut donc que j'aime les gens qui sont bons et utiles, et que je ne songe pas s'ils s'ont bien ou mal habillés, n'est-ce pas, maman ?

— Sans doute, mon enfant, et soyez bien sûre, en même temps, que, si vous étiez une petite méchante et une petite sotte, on ne vous aimerait pas autant qu'on aime les petites filles dont les habits sont grossiers et même déchirés lorsqu'elles sont bonnes et qu'elles savent faire quelque chose d'utile.

Comment fait-on le Papier?

Après avoir choisi les chiffons que l'on veut employer, on les fait laver avec soin.

On les fait ensuite broyer et réduire en pâte, avec de l'eau, par une machine.

Cette pâte se nomme *pulpe.*

On délaye la pâte ou pulpe avec de l'eau dans une cuve.

Cette pâte a l'aspect d'un lait épais.

On la *brasse*, c'est-à-dire on la remue à tout instant, afin qu'elle reste égale.

Si l'on ne brassait point la pâte, les brins de chiffons suspendus dans l'eau tomberaient au fond de la cuve.

On prend ensuite un châssis ou cadre garni de fil de laiton en forme de toile.

Ce châssis se nomme la *forme du papier.* et a la grandeur d'une feuille tout entière.

En enfonçant par un côté la forme dans la cuve et en la retirant, l'ouvrier retient sur la forme ce qu'il faut de pâte pour former une feuille de papier.

Cette feuille est plus ou moins épaisse, selon que la pâte est plus ou moins claire.

Après l'avoir laissée égoutter, on renverse la forme ainsi chargée sur un *feutre* de laine qui en détache la feuille de papier.

Un feutre est une espèce d'étoffe de poil ou de laine non filée.

On fait les feutres en foulant le poil ou la laine, et en y mêlant de la colle.

On recouvre la feuille de papier d'un autre feutre.

On met de la même manière une autre feuille de papier sur le second feutre.

On fait ainsi une pile de feuilles de papier et de feutres,

Et l'on met cette pile sous une presse ou pressoir, qui en fait couler l'eau.

On sépare enfin les feuilles de papier des feutres, et on les met sécher sur des cordes.

Quand le papier doit servir pour écrire, on a soin de le coller en pâte dans la cuve.

Le collage se fait avec de la *gomme* ou de l'*alun*, avec de la *gélatine* que l'on mêle à la pâte.

La gomme est une matière gluante qui coule de certains arbres.

L'alun est une sorte de sel que l'on trouve dans la terre.

La gélatine est une matière épaisse que l'on retire des os.

M. Dubroca n'admet pas la liaison dans les locutions suivantes:

Un drap usé. Le chat et la souris. Un badaud étonné. Le chaud et le froid. Un crapaud affreux. L'échafaud est dressé. Un saut étonnant. Un levraut

excellent. Le baiser amical. Le berger et le loup. Un ballet orné. Le guet est passé. Un nid à rats. Un muid et demi. Un chenil infect. L'outil excellent. Un commis assidu. Du riz à la purée. Un nœud assorti. Un sirop excellent. Un fagot attaché. Un grelot assourdissant. Le paquebot arriva. Un loup enragé. L'égout est bouché. Un puits ouvert. Saint-Cloud est beau. Un pied estropié.

La Piété filiale.

ÉLISE.

Maman, n'est-ce pas qu'un jour je deviendrai grande, moi ?

LA MAMAN.

Oui, sans doute, si le bon Dieu te conserve, comme je l'espère.

— Et vous, maman, vous ne deviendrez pas plus grande ?

— Non, ni moi ni ton papa, nous ne deviendrons pas plus grands que nous ne le sommes ; mais nous deviendrons vieux. Ton papa sera un jour un vieillard, et moi une vieille femme.

— Est-ce que vous serez laids quand vous serez vieux ?

— Oui, ma chère, je crois que nous serons assez laids. Les vieilles gens ne sont jamais bien jolis; mais cela ne signifie rien, pourvu qu'ils soient bons et de bonne humeur, et j'espère que tu nous aimeras alors, quoique nous soyons devenus laids. N'est-ce pas, Élise?

— Oh! sans doute, je vous aimerai toujours.

— Je le crois. Tous les bons enfants aiment leurs parents; aussi, quand à leur tour ils deviennent grands et qu'ils ont des petits garçons et des petites filles, ils en sont aimés eux-mêmes. Veux-tu que je te dise à ce sujet une histoire intéressante?

— Oui, maman, je vous en prie; j'aime beaucoup à vous entendre raconter des histoire.

— Il y avait une petite fille qui se nommait Rosalie: elle était charmante et se conduisait extrêmement bien. Elle n'avait rien tant à cœur que de faire beaucoup de progrès dans tout ce qu'on lui apprenait, et, comme elle pensait souvent à toutes les peines que son papa et sa maman se donnaient pour son éducation, elle en était fort reconnaissante. Quand on lui ordonnait de faire quelque chose, on n'était pas obligé de le lui répéter deux fois; Rosalie obéissait sur-le-champ. Elle ne pleurait jamais et ne se mettait point de mauvaise humeur. Enfin, c'était une fille parfaite, et il était impossible de ne pas l'aimer. Quand elle fut grande, on la maria; mais elle ne voulut jamais se séparer de ses parents; elle les engagea à venir demeurer chez elle, prit le plus grand soin de leur vieillesse, et prévint toujours leurs besoins et leurs désirs. « Allons! mon papa, disait-elle quelquefois à son père qui était infirme, un petit tour de promenade dans la chambre vous fera du bien. Vous avez de la peine à marcher, appuyez-vous sur mon épaule et ne craignez pas de me faire du mal. » A table elle disait à sa mère, qui était devenue aveugle et à qui les mains tremblaient : « Attendez, je vous prie, maman; vous pourriez vous blesser avec le couteau. Laissez-moi faire; je vais vous servir. » Lorsque sa maman lui disait : « Ma fille, je vous donne trop de peine. — Point du tout, répondait Rosalie, Que puis-je faire de moins pour tout ce que je vous dois? » Tantôt elle disait à son papa : « Rappelez-vous, papa, toutes les bontés que vous avez eues pour moi dans mon enfance. »

Tantôt elle disait à sa maman : « N'est-ce pas vous, maman, qui avez eu soin de moi lorsque je n'étais pas encore en âge de rien faire par moi-même? Si, quand j'étais petite, vous m'aviez abandonnée, que serais-je devenue? Hélas! j'aurais péri de froid et de faim. »

Vous sentez bien que, par cette conduite, Rosalie non seulement se rendit plus chère à son papa et à sa maman, mais qu'elle se fit encore aimer de tout le monde. Tous ceux qui la connaissaient disaient : « C'est là une excellente personne! c'est là une femme parfaite! » Quand elle eut des enfants, elle s'appliqua à les bien élever, comme ses parents l'avaient bien élevée elle-même, et, quand elle fut vieille et infirme, ses enfants eurent soin d'elle, et l'aimèrent comme elle avait aimé son papa et sa maman. Voilà, ma chère Élise, l'histoire de l'aimable Rosalie.

— Que cette histoire est jolie! je voudrais bien avoir connu une si bonne fille! Je l'aime de tout mon cœur. Quand vous serez vieux, vous et mon papa, je ferai comme elle.

— Ainsi, ma chère Élise, tu aimeras toujours ton papa et ta maman, et tu n'oublieras jamais combien nous avons eu soin de toi dans ton enfance. Lorsque tu étais encore au maillot, et que tu ne pouvais ni marcher ni parler, nous te portions dans nos bras sans nous plaindre de la fatigue, et nous te donnions tout ce dont tu avais besoin, dans un temps où tu étais incapable de le demander. Tu n'oublieras jamais tout cela, n'est-ce pas, Élise?

— Oh! non, j'aimerai toute ma vie mon cher papa et ma chère maman; ils ont eu tant de bontés pour moi! Je ferai tout ce que je pourrai pour les rendre heureux.

Des Formes et Formats des livres.

Chaque feuille de papier peut être employée pour rester entièrement ouverte ou pour être pliée en plusieurs parties placées les unes sur les autres.

Si l'on écrit sur une feuille de papier, ou si on l'imprime pour rester entièrement ouverte, le format ou la forme du papier se nomme alors *in-plano.*

On imprime ordinairement une feuille de papier tout entière et des deux côtés.

Mais, pour en faire un livre, chaque feuille est pliée ensuite en un certain nombre de parties que l'on place les unes sur les autres.

Quand la feuille est pliée en plusieurs parties pour être placées les unes sur les autres, chaque partie de la feuille ainsi pliée se nomme *feuillet*.

Le format du livre prend son nom du nombre de feuillets que l'on fait dans une feuille de papier.

Si l'on plie la feuille de papier en deux parties égales l'une sur l'autre, le format se nomme *in-folio*. in-f°.

Le format in-folio a deux feuillets.

Chaque feuillet a deux côtés que l'on nomme *pages*.

Le dessus d'un feuillet se nomme *récto*, et le dessous, *verso*.

L'in-folio a quatre pages.

Quand vous pliez la feuille de papier en quatre parties égales, cette forme, ce format se nomme *in-quarto*, in-4°.

L'in-quarto a quatre feuillets ou huit pages.

Si vous faites huit feuillets de la feuille, le format s'appelle *in-octavo*, in-8°.

L'in-8° a seize pages.

On plie la feuille en 12, en 16, en 18 et jusqu'en 32 feuillets.

Et toujours le format prend son nom du nombre de feuillets.

Ainsi il y a des livres in-f°, in-4°, in-8°, in-12, in-16, in-18, in-32.

Le format indique la grandeur du livre.

Moins une feuille a de feuillets, plus le format est grand.

Plus une feuille a de feuillets, et moins le format est grand.

Caroline et sa maman.

CAROLINE.

Dites-moi, maman, quelle est la meilleure petite fille, de Rose ou de moi ?

LA MAMAN.

En vérité, ma chère, je ne saurais vous le dire. Je ne connais pas la petite Rose aussi bien que je vous connais ; ainsi je ne peux juger laquelle de vous deux est la plus aimable.

— Mais vous m'avez paru plusieurs fois

mécontente d'elle. Vous l'avez donc vue faire des fautes, n'est-ce pas, maman?

— Oui, Caroline, je l'ai vue souvent se comporter assez mal, mais pas aussi mal que vous.

— Est-ce que je n'étais pas beaucoup plus sage qu'elle hier au soir ?

— Il est vrai, vous vous conduisîtes assez bien hier au soir ; mais vous devez vous souvenir d'avoir été méchante avant-hier et d'avoir pleuré dans le jardin.

— Mais je sais faire un ourlet beaucoup mieux qu'elle.

— Oui, mais elle sait faire des coutures beaucoup mieux que vous.

— Assurément, je me tiens infiniment mieux que Rose, et vous dites que les petites filles doivent bien se tenir.

— Cela est vrai; mais je dis aussi qu'il faut que les petites filles tiennent leurs pieds en dehors et qu'elles fassent de jolies révérences, et vous conviendrez qu'elle s'acquitte de cela mieux que vous. Elle dit aussi beaucoup plus souvent que vous : Monsieur ou Madame, quand elle adresse la parole à quelqu'un. A tout prendre, je trouve qu'elle est pour le moins aussi aimable que ma Caroline.

— Et moi je trouve que je suis une fort bonne petite fille.

— Oh! ma chère, ne me parlez pas comme cela; il ne faut jamais se louer soi-même : rien n'est plus ridicule. Si vous êtes aimable, les autres s'en apercevront, et vous devez leur laisser le soin de le dire. Je crois bien cependant que si l'on savait qu'il vous arrive très souvent de faire des sottises, on ne s'empresserait pas beaucoup de faire votre éloge. Au reste, vous-même, si vous examiniez bien tous vos défauts, vous n'auriez pas une très bonne opinion de votre mérite. Ne savez-vous pas qu'il vous arrive souvent de bouder parce que votre dîner n'est pas prêt à l'heure précise où vous voudriez l'avoir? que vous vous mettez bien souvent en colère, que vous frappez même du pied lorsque l'on ne vous permet pas de vous asseoir ou d'aller dans le jardin? Il vous arrive quelquefois de ne pas faire ce qu'on vous ordonne, de parler au domestique avec un ton impérieux, et de me répondre à moi ou aux autres d'une manière très insolente.

Rappelez-vous toutes ces choses, et vous ne pourrez pas vous croire bonne. Au moins je suis sûre que tous ceux qui vous connaissent ne vous croiront jamais telle, jusqu'à ce que vous vous soyez corrigée.

— Quand est-ce donc, maman, que je pourrai dire que je suis une bonne petite fille?

— Jamais, ma chère : je vous ai déjà dit qu'on ne doit pas parler avantageusement de soi-même. Si vous voulez que les autres disent du bien de vous, travaillez à mériter leurs éloges par une bonne conduite.

Les Animaux.

Il y a des *animaux domestiques* et des *animaux sauvages*.

Les animaux que l'homme élève près de lui pour son usage sont des animaux domestiques.

Ceux qui vivent libres à la campagne, dans les bois sont des animaux sauvages.

Les espèces d'animaux qui sont aujourd'hui domestiques ont vécu autrefois et quelques-uns vivent encore à l'état sauvage.

L'homme a successivement *dompté* et apprivoisé les animaux, c'est-à-dire les a forcés à vivre près de lui et pour lui.

Voyez que de services nous rendent les animaux :

Le cheval sert à labourer la terre, traîne la voiture et nous porte sur son dos à la campagne, à la ville, à l'armée.

Quand il est mort, sa peau sert encore à faire des harnais avec lesquels on attelle ses semblables aux voitures, à la charrue.

La vache nous donne son lait, qui sert à faire le beurre, le fromage.

La chair du veau, celle du bœuf et celle de la vache servent à notre nourriture.

La vache et le bœuf servent aussi au labourage et traînent des voitures.

Leur peau est employée à nous faire des souliers et des bottes.

Celle du veau sert de plus à relier des livres.

Il n'y a pas jusqu'aux cornes, aux sabots de la vache et du bœuf, qui ne soient employés utilement.

On en fait des peignes, des manches de couteau, etc.

La brebis donne du lait.

Nous mangeons sa chair comme celle des agneaux et des moutons.

Avec leur laine filée on nous fait de bons habits, des pantalons et des manteaux, et diverses étoffes pour nous garantir du froid.

On en fait aussi des couvertures, des matelas, des chapeaux.

Leur peau sert à bien des usages.

On en fait des chaussures légères et du parchemin.

La chèvre nous donne aussi un très bon lait.

Dans bien des pays on mange sa chair, et partout sa peau est très utile.

Avec le poil de chèvre on fait de très bonnes et très jolies étoffes.

Les cachemires de l'Inde sont faits avec le duvet ou poil fin de certaines chèvres.

L'âne, ce modeste animal, si facile à nourrir, est aussi très utile.

Il porte de lourds fardeaux dans des chemins où les voitures ne peuvent passer.

C'est une monture commode et peu coûteuse.

Sans elle, bien des vieillards qui travaillent toute la journée dans les champs seraient condamnés à s'ennuyer à la maison.

Le lait d'ânesse est un excellent remède pour les poitrines fatiguées ou malades.

Un animal bien caressant et bien fidèle, le chien, garde la maison, aide le berger et découvre le gibier au chasseur.

Voyez-vous cet animal si propre et qui a l'air si bénin ?

C'est un chat, l'ennemi déclaré des rats et des souris.

Sans lui, les rats et les souris rongeraient nos provisions et notre linge.

Ne jouez pas avec le chat : il pourrait bien vous égratigner.

Le porc même, cet animal si sale, si dégoûtant, rend de grands services.

Sa chair, fraîche ou salée, sert à assaisonner les légumes, et nourrit, avec le pain, la plupart des gens de la campagne.

Les poules, les canards, les oies, les pigeons, sont des oiseaux précieux.

Leur chair et leurs œufs sont une nourriture saine et délicate.

Les grosses plumes d'oie servent à écrire.

Les petites plumes des oiseaux servent à faire des coussins et des lits très douillets.

Les animaux qui ont quatre pieds sont nommés *quadrupèdes.*

De ce nombre sont le cheval, le bœuf, la brebis, etc.

Ceux qui n'ont que deux pieds sont nommés *bipèdes.*

Tous les oiseaux sont bipèdes.

Le Laboureur.

Nous irons aujourd'hui dans les champs.

Nous irons voir labourer.

Voilà précisément deux laboureurs qui vont travailler près d'ici.

Suivons-les, et soyez bien attentif.

Voyez-vous cette machine traînée là par des bœufs et ici par des chevaux?

C'est une *charrue.*

La charrue est l'instrument du labourage.

La pièce de bois qui règne tout le long de la charrue se nomme la *haie.*

Remarquez ce fer qui tient à la charrue entre les deux roues.

Ce fer est le *soc* de la charrue.

C'est le soc qui pénètre dans la terre et la déchire.

Le soc de la charrue est maintenant renversé.

On se sert, pour labourer, de chevaux, de bœufs, de vaches, de mules ou de mulets.

Les chevaux et les bœufs entrent dans un champ.

C'est là qu'ils vont travailler.

Regardons bien.

Les laboureurs se placent assez loin l'un de l'autre.

L'un est au commencement du champ, et l'autre vers le milieu.

Le soc est maintenant redressé.

Il s'enfonce dans la terre.

Les chevaux et les bœufs marchent.

Le soc trace dans la terre un creux qui s'allonge comme un petit fossé.

Le creux tracé par le soc de la charrue se nomme *sillon*.

Chaque charrue a déjà tracé un sillon.

Ah! comme ces sillons sont droits!

— Chaque charrue va tracer un nouveau sillon à côté du premier.

— Ah! le nouveau sillon recouvre presque le premier en retournant la terre.

Chaque nouveau sillon en fera autant pour le nouveau sillon tracé.

On laboure la terre pour la retourner.

On retourne la terre pour l'exposer aux rayons du soleil, et afin que l'air et la pluie puissent y pénétrer plus facilement.

C'est le soleil, l'air et la pluie qui rendent la terre féconde ou capable de produire.

Les terres qu'on laboure souvent et avec soin produisent davantage.

Les Chemins, les Routes.

Puisque vous avez bien travaillé, venez, mon enfant, nous allons nous promener.

— Où irons-nous, papa?

— Nous irons dans la campagne.

Suivez-moi, et hâtons-nous de sortir de la ville.

Enfin nous voila dans la campagne.

On ne sent plus aucune mauvaise odeur.

On respire bien plus à l'aise.

Le temps est superbe.

— Papa, quel chemin prendrons-nous?

En voilà plusieurs à la fois.

— Nous prendrons le chemin le plus beau.

L'endroit où plusieurs chemins se croisent se nomme *carrefour*.

Nous voilà dans un carrefour.

L'endroit où plusieurs rues se croisent se nomme aussi carrefour.

Voilà un chemin plus large et plus beau que les autres.

Ce chemin se nomme une *route*, une *grande route*.

Une route qui conduit de Paris à une autre ville est une *route nationale*.

Une route qui conduit d'une ville à une autre, sans être la route de Paris, est une *route départementale*.

Le chemin qui conduit d'une ville à un village voisin, ou d'un village à un autre est un *chemin vicinal*, ou chemin fait pour les voisins.

Il importe qu'il y ait beaucoup de chemins et qu'ils soient toujours fermes et bien unis.

Les voitures y roulent plus facilement.

Il faut moins de chevaux pour les traîner.

S'il n'y avait point de chemins, on ne pourrait voyager qu'à pied ou à cheval, et très péniblement.

C'est par les chemins que les gens de la campagne portent toute l'année à la ville les légumes, les fruits, le bois, les grains qu'ils ont de trop, et qui manquent aux villes.

C'est par les grands chemins ou routes que les marchands font venir de tous les pays les marchandises qu'ils nous vendent.

Quand les chemins sont beaux, le transport des marchandises coûte moins, et on les vend moins cher.

Les beaux chemins nous procurent donc du plaisir et du profit.

Voyez là-bas, dans ce petit chemin, une voiture chargée de bois. Elle vient de la forêt voisine. Six forts chevaux ont de la peine à la traîner.

— Pourquoi cela, papa ?

— Remarquez d'abord que la voiture est bien chargée.

Considérez ensuite que le sol du chemin n'est point ferme.

Les roues de la charrette s'y enfoncent.

Chaque roue trace et laisse derrière elle un sillon profond.

Les sillons tracés par les voitures se nomment des *ornières*.

Les roues des voitures qui passeront après, dans le même chemin, suivront les ornières déjà tracées. Elles rouleront plus facilement, parce qu'elles enfonceront moins.

Quand les ornières sont trop profondes, les chemins sont impraticables.

Remarquez ce petit creux sur la route.

On le comblera bientôt avec de petites pierres.

Si on ne le comblait point, il s'agrandirait en peu de temps, et la route serait gâtée, dégradée en cet endroit.

Voilà justement un homme qui vient combler le creux que je vous ai fait remarquer.

Cet homme est un *cantonnier*.

Il y a des cantonniers sur toutes les grandes routes.

Les cantonniers réparent et entretiennent les routes.

Ces hommes sont très utiles.

Les Abeilles.

LA MAMAN.

Eh! prenez donc garde, ma petite amie; ne marchez pas si près des ruches.

CHARLOTTE.

— Maman, c'est que j'avais envie de voir les abeilles.

— Tenez, en voilà une qui vient à vous; ne courez pas après elle et n'ayez pas l'air de vouloir la toucher. Les abeilles n'aiment pas qu'on les tourmente, et elles piquent bien fort les petites filles étourdies qui s'avisent d'en approcher.

— Maman, la piqûre des abeilles est-elle dangereuse?

— Oui, elle est dangereuse, et l'endroit piqué enfle beaucoup.

— Je voudrais pourtant voir de près les abeilles.

— Quand vous voudrez en approcher impunément, il faudra que vous mettiez des gants et que vous couvriez votre visage avec un voile ou avec un filet; alors vous pourrez même les voir travailler.

— Maman, est-ce qu'elles travaillent?

— Pour cela, oui, et elles sont très laborieuses.

— Et à quoi travaillent-elles?

Elles travaillent en été à faire de la cire et du miel pour subsister pendant l'hiver.

— Avec quoi, maman, font-elles leur cire et leur miel ?

— C'est avec le suc des fleurs qu'elles les font. Elles vont dans les campagnes et dans les jardins sucer le suc des fleurs ; elles partent en troupes pour cela ; leur reine est à leur tête et les encourage sans cesse par sa présence.

— Comment ! est-ce qu'elles ont une reine ?

— Oui, dans toutes les ruches il y a une abeille plus distinguée que l'on appelle reine, et pour qui les autres paraissent avoir beaucoup de soumission. Vous ne devineriez pas une chose : c'est qu'elles ne souffrent point de paresseuses dans leurs ruches. S'il y a quelque abeille qui ne veuille pas travailler, les autres la chassent bientôt, et quelquefois la tuent à force de la piquer avec leurs aiguillons.

— Oh ! elles sont bien sévères !

— C'est vrai, mais aussi ce n'est que parce qu'elles observent entre elles des lois si rigoureuses que nous avons en abondance de bon miel et de bonne cire, deux choses qui nous sont utiles. Car ne croyez pas que le miel ne soit bon qu'à étendre sur du pain, comme si c'étaient des confitures ; il sert à bien d'autres usages. D'abord il entre dans la composition de beaucoup de remèdes salutaires, et ensuite les pauvres s'en servent au lieu de sucre ; il y a eu même un temps où tout le monde en faisait autant : c'est quand on ne connaissait pas encore le sucre.

— Et à quoi sert la cire ?

— On s'en sert pour frotter les parquets et les meubles, afin de les rendre propres et luisants. Lorsqu'elle est blanchie, on en fait, pour nous éclairer, de fort belles chandelles, que l'on appelle bougies ; et puis on en fait aussi de très jolies poupées pour les enfants.

Voyez donc combien d'obligations nous avons aux abeilles.

L'Air.

Toute la terre est entourée d'air.

L'air qui entoure la terre se nomme *atmosphère*.

L'air est aussi nécessaire que la nourriture pour entretenir la vie des animaux et celle des plantes.

L'air paraît *incolore*, c'est-à-dire sans couleur.

Cependant c'est la masse d'air qui fait paraître le ciel bleu.

C'est l'air qui nous apporte les odeurs et les sons.

Sans l'air, nous ne sentirions rien et nous n'entendrions rien.

L'air est *transparent* ou *diaphane*, c'est-à-dire qu'il n'empêche pas de voir les choses.

On voit les oiseaux qui volent dans l'air ou dans l'atmosphère.

Si nous étions privés d'air, nous mourrions, et les plantes aussi.

Le vent n'est que l'air mis en mouvement.

Le vent sèche la terre.

Le vent sèche le linge qu'on a lavé.

Le vent fait aller certains moulins.

C'est le vent qui pousse les vaisseaux sur la mer.

On ne voit pas l'air.

On ne le sent même point quand il est calme.

On ne voit point le vent non plus, mais on voit remuer les objets qu'il agite, tels que les feuilles et les branches des arbres.

On sent le vent, et l'on peut dire s'il est chaud ou froid, s'il est fort ou faible.

Lorsque le vent est fort et accompagné de tonnerre et de pluie, on dit que c'est un *orage*.

Un vent très fort, qui déracine les arbres et fait souvent périr les vaisseaux sur la mer, se nomme *tempête*, *ouragan*.

Eugène ou le bon petit garçon.

Eugène se fit aimer étant au berceau; ses premiers gestes furent des caresses.

A peine bégayait-il le doux nom de maman qu'il montra pour sa bonne mère un attachement très vif.

Lorsqu'elle s'éloignait de lui pour quelques instants, ses larmes exprimaient sa douleur; en la voyant, il faisait paraître une joie extrême.

Son père fut une des premières personnes qu'il distingua : la bonne-maman vint ensuite, puis le bon-papa.

Eugène sut aimer avant de savoir parler.

Sa bonne devint aussi pour lui un objet de préférence : lorsqu'on voulait le punir, on le menaçait de la lui ôter.

Un jour que ce petit lui faisait des caresses plus encore que de coutume, quelqu'un lui dit par malice : « Quand vous serez grand, votre bonne s'en ira malgré vous. »

L'enfant, blessé au cœur, se mit dans une violente colère ; il s'écria, en versant un torrent de larmes ; « Je ne veux pas grandir !... » ce qui amusa beaucoup son père et sa mère.

Fils unique, beau, aimable, caressant, Eugène était les délices de sa famille.

Lorsqu'il faisait quelque étourderie, on le reprenait avec douceur ; il ne subissait presque jamais de pénitence.

Il n'est pas douteux que cette bonté venait de l'extrême tendresse que ses parents avaient pour lui, mais il la devait aussi à son caractère ouvert et franc.

Eugène ne déguisait jamais la vérité : lorsqu'il était coupable de quelque faute, il l'avouait sans détour ; le plus souvent il en faisait l'aveu sans y être forcé. Sa soumission et son repentir désarmaient ses parents, et on lui pardonnait ses torts.

L'amour qu'il avait pour son père et sa mère l'empêchait de manquer à ses devoirs ; sitôt qu'il était éveillé, il offrait son cœur à Dieu, puis il courait embrasser son père et sa mère.

Lorsqu'il commença à lire, on n'eut pas besoin de prendre un ton d'autorité pour le faire regarder dans son livre, comme cela est nécessaire avec d'autres enfants; il suffisait de lui dire : « Eugène, si tu lis bien, tu feras plaisir à ton papa et à ta maman. » Eugène, alors, prenait son livre comme un homme, et un baiser de sa mère le récompensait de sa docilité.

Il était déjà grand lorsqu'un jour son père lui donna des vers à apprendre.

Dans le même moment, un de ses camarades vint le chercher pour jouer.

Eugène, sans parler, lui fit signe de sortir et lui montra son livre.

Le petit ami lui montra un beau cerf-volant et voulût l'entraîner; Eugène lui résista avec courage. « Va-t'en, lui dit-il : si je ne savais pas ma leçon, mon papa serait fâché contre moi, et je ne jouerais pas de bon cœur. »

En achevant ces mots, il s'enferma au verrou, et il n'ouvrit la porte que lorsqu'il eut rempli ses devoirs.

Comme cet aimable enfant se livrait à l'étude de bonne grâce, pour se rendre agréable aux auteurs de ses jours, de même il ne laissait échapper aucune occasion de leur prouver qu'il les aimait véritablement.

Dans la crainte de leur faire du chagrin ou de les rendre malades, il leur obéissait à la première parole; on ne lui voyait point de caprices, point d'entêtement; il évitait de faire du bruit dans la maison et de se rendre importun en s'occupant toujours de lui. Il savait que les jeux bruyants de la jeunesse et ses fantaisies sont insupportables aux grandes personnes.

Un ami de la famille lui donna un tambour; Eugène le porta chez sa bonne-maman, qui le gâtait un peu. Ce jour-là elle était souffrante; elle le pria, en l'embrassant, de ne pas lui faire mal à la tête : Eugène, trompé dans ses plus douces espérances, eut assez de raison pour sacrifier son amour pour le jeu à sa tendresse pour sa bonne-maman. Il renvoya chez lui le tambour et tint compagnie à la chère malade, comme aurait pu le faire son papa lui-même.

C'est par cette conduite, commandée par la nature, qu'Eugène se faisait chérir de tout le monde.

Il agissait toujours d'après son cœur, qui était sensible et bon.

Son sincère attachement pour son père et sa mère le portait à suivre leur exemple, et à mettre leurs conseils en pratique.

Le temps de le mettre en pension étant arrivé, Eugène répandit bien des larmes, mais il se soumit.

Il mit tous ses soins à contenter son maître, et l'aima bientôt comme un second père.

A son tour, l'instituteur le traita comme son fils.

Aimez, on vous aimera : voilà tout le secret du bonheur qui accompagna Eugène.

Dette, Créance, Débiteur, Créancier.

Robert prêta l'autre jour un *franc* ou vingt sous à Joseph. Robert rendit donc un service à Joseph. J'aime que l'on oblige ses camarades quand on le peut. Joseph n'a pas rendu la pièce de monnaie que Robert lui a prêtée. Sans doute qu'il n'a pu la rendre. Il la rendra aussitôt qu'il le pourra. Puisque Joseph n'a pas rendu cette pièce, il doit un franc à Robert. Joseph a donc une *dette.*

L'argent que nous devons se nomme dette.

La dette de Joseph est de un franc. Ainsi Joseph est *débiteur* de un franc envers Robert. Celui qui doit de l'argent se nomme *débiteur.*

Celui à qui il est dû de l'argent se nomme *créancier*. Robert est créancier de Joseph. La somme qu'on doit au créancier se nomme *créance*. La créance de Robert est de un franc. Ainsi la même somme d'argent est une *dette* pour celui qui la doit, et une *créance* pour celui à qui elle est due. Empruntez le moins possible. Ne faites jamais de dettes si vous le pouvez, ou, si vous en faites, payez-les le plus tôt possible. Il est affreux d'avoir des dettes.

La première leçon d'histoire naturelle.

Eh bien, mon cher Adrien, vous avez assisté hier à une longue leçon donnée à votre frère : y avez-vous appris quelque chose?

— Oui, papa; j'ai appris d'abord qu'il ne faut point porter à la bouche les plantes dont on ne connaît pas bien les qualités. Un petit garçon qui avait mâché du laurier-rose a failli en mourir. Pourquoi cela, papa?

— Le laurier-rose renferme un suc vénéneux. C'est un poison. Il y a bien d'autres plantes vénéneuses. Vénéneux signifie qui a du venin. Venin signifie poison. Le poison fait mourir.

Est-ce là tout ce que vous avez retenu ?

— J'ai appris encore qu'en jouant dans

l'herbe, il faut prendre garde aux vipères. Un enfant qui fut mordu par une vipère dans un bois en mourut deux jours après.

— Cela est fort possible : la vipère est un animal venimeux. Quand elle mord, elle répand dans la plaie qu'elle fait un venin, une liqueur qui peut donner la mort. Heureusement qu'il y a peu de vipères : on n'en voit guère que dans les pays chauds.

Venimeux a le même sens que vénéneux. Vénéneux se dit des plantes, et venimeux des animaux. On dit : une plante vénéneuse, un animal venimeux.

Avez-vous retenu autre chose ?

— Oui, papa. Le professeur de mon frère raconta encore qu'une petite fille ayant porté à sa bouche quelque chose de blanc comme du sucre, qu'elle avait trouvé dans la terre, en avait été très malade.

— Je n'en suis pas étonné. Il y a dans la terre bien des poisons. Il ne faut jamais porter à la bouche les choses que l'on ne connaît pas bien.

Je vois avec plaisir que la leçon de votre frère vous a profité.

— Mais, papa, j'ai entendu bien des choses que je n'ai pu comprendre.

Quand apprendrai-je l'histoire naturelle ?

— Quand vous voudrez, mon enfant.

Je puis vous en donner maintenant la première leçon en attendant le déjeuner.

— Papa, je vous prie de commencer. Je vous écoute.

— Mon cher enfant, je vous l'ai déjà dit : Dieu a créé ce qui existe.

L'ensemble de tout ce que Dieu a créé s'appelle la *nature*.

Souvenons-nous qu'il n'y a dans la nature que des personnes et des choses.

Le mot *être* sert quelquefois à nommer la personne ou la chose dont on parle.

Ainsi un homme, un arbre, une pierre, sont des êtres.

On les appelle êtres, parce qu'ils existent réellement.

Étudier les êtres de la nature, c'est étudier l'*histoire naturelle* ou l'histoire de la nature.

Un homme qui sait l'histoire naturelle est un *naturaliste*.

Pour étudier plus facilement les êtres de la nature qui sont sur la terre ou dans la terre, on les divise en trois grandes classes qu'on appelle *règnes*.

Les trois règnes de la nature sont : le *règne animal*, le *règne végétal*, et le *règne minéral*.

L'homme et toutes les bêtes composent le règne animal.

Un homme, une mouche, un pigeon, une vache, une carpe, etc., sont du règne animal ou des animaux.

Les plantes et les arbres, et tout ce qu'ils produisent, composent le règne végétal.

Les choux, les navets, les pommiers, les pommes, etc., sont du règne végétal ou des végétaux.

Les pierres, les métaux, l'eau et la terre composent le règne minéral.

L'argile, les pierres, le sable, le fer, l'argent, l'or, etc., sont du règne minéral ou des minéraux.

(Obligez les élèves à répondre aux questions suivantes, à mesure qu'ils les lisent.)

Combien y a-t-il de règnes dans la nature?

De quel règne êtes-vous?

A quel règne appartient la salade?

Dans quel règne classez-vous l'ardoise?

De quel règne est une poule?

Dans quel règne classez-vous les cerises?

La connaissance détaillée de tout ce qui concerne une espèce de chose se nomme *science*.

Donner des détails sur les choses d'une science, c'est *traiter* de cette science.

La science qui traite des animaux s'appelle *zoologie.*

Un homme qui connaît bien les animaux est un *zoologiste.*

La science qui traite des végétaux s'appelle *botanique.*

Un homme qui connaît bien les végétaux est un *botaniste.*

La science qui traite des minéraux s'appelle *minéralogie.*

Un homme qui peut enseigner la minéralogie est un *minéralogiste.*

Tout livre qui renferme les détails d'une science s'appelle *traité* de cette science.

C'est ainsi que nous avons des traités de botanique, de zoologie, de minéralogie, etc.

Étudier la botanique, c'est étudier les végétaux.

Étudier la zoologie, c'est étudier les animaux.

Étudier la minéralogie, c'est étudier les minéraux.

L'Arc-en-Ciel.

Nous allons rentrer pour le déjeuner.

L'horloge du village a sonné dix heures.

Eh bien! Louis, êtes-vous content de votre promenade ?

— Oui, papa, j'en suis très content.

Le lait de la ferme était excellent.

Nous avons fait une promenade délicieuse.

Voyez donc le joli bouquet que j'ai là pour maman.

C'est une matinée bien employée.

— Je le pense comme vous, Louis.

Mais nous sommes encore assez loin de la maison.

Et si nous allions être mouillés ?

— Vous croyez qu'il pleuvra, papa?

— Je le crains beaucoup.

Ce nuage gris que vous voyez vers le sud-ouest me paraît chargé de pluie.

— Mais il est encore fort loin.

Est-ce qu'il pourrait nous atteindre?

— Le vent le pousse vers nous, et ce vent devient plus fort de moment en moment.

Le nuage va très vite ;

Il sera bientôt au-dessus de nos têtes.

Heureusement qu'il s'éclaircit; il pleuvra peu : ce ne sera qu'une *ondée*. Une ondée est une pluie qui dure peu. Vous le voyez, le nuage cache déjà le soleil. Voilà l'ondée ; il pleut. La pluie ne durera qu'un instant ; c'est une véritable ondée. Il pleut déjà moins ; il ne pleut plus.

Le nuage gris est déjà vers le nord-est.

Nous reverrons bientôt le soleil.

— Ah ! voilà encore le soleil.

— Ne nous fions pas à ce beau soleil ; c'est une ondée qui chauffe.

— Qu'est-ce qu'une ondée qui chauffe ?

— Cela signifie qu'il pleuvra encore bientôt. Le nuage de pluie est remplacé par un autre plus noir. Voyez donc vous-même.

— C'est vrai, papa. Mais il y a des nuages à tous les points de l'horizon.

Ah ! voilà la moitié d'un grand cercle de plusieurs couleurs vers le nord-ouest.

— Cette moitié de grand cercle est un *arc-en-ciel*.

Une partie de cercle se nomme un arc de cercle.

Regardez bien l'arc-en-ciel. Comptez-en les couleurs. Combien y en a-t-il ?

— Papa, je vois trois couleurs.

— Vous ne comptez pas bien. L'arc-en-ciel est formé par sept couleurs. Les sept couleurs de l'arc-en-ciel sont : le rouge, l'orangé, le jaune, le vert, le bleu, l'indigo et le violet.

On les appelle couleurs primitives, parce qu'elles servent à former toutes les autres.

— Mais l'arc-en-ciel est devenu plus brillant.

— Savez-vous pourquoi ? C'est parce que

les nuages qui sont derrière nous, vers le sud-est, sont plus noirs maintenant.

Toutes les fois que vous aurez un arc-en-ciel devant vous, le soleil sera derrière vous. Cela arrive toujours ainsi.

Le soleil est encore vers le sud-est, et l'arc-en-ciel est au nord-ouest. Ils sont chacun à un point opposé de l'horizon. Quand vous êtes tourné vers l'un, vous tournez le dos à l'autre. Cela ne peut être autrement.

— Ces belles couleurs de l'arc-en-ciel semblent tomber là-bas dans la prairie.

Nous y passerons pour en ramasser.

— Ces couleurs ne peuvent point tomber. Elles appartiennent aux rayons du soleil, qui se décomposent et se colorent ainsi pour nos yeux en passant à travers les gouttes de pluie dont le nuage est formé.

La Poterie.

Avec quoi fait-on les plats et les assiettes?

On fait les plats et les assiettes avec de la terre grasse, une espèce d'*argile*. Les plats et les assiettes sont l'ouvrage du *potier*.

— Comment fait-on les plats et les assiettes?

— Le potier choisit une terre grasse propre à cela. Il en ôte toutes les pierres qui s'y trouvent mêlées. Il met cette terre en poudre fine. Il la pétrit ensuite avec de l'eau, et il fait une sorte de pâte à laquelle il donne la forme qu'il veut, par le moyen d'un tour qu'il met en mouvement avec le pied. A mesure qu'il fait les pièces, le potier les met sécher à l'air ou au soleil, et il les couvre d'un vernis.

Ce vernis, auquel on donne toutes couleurs, rend la poterie plus agréable à l'œil et plus propre à contenir les liquides, c'est-à-dire les choses qui peuvent mouiller.

Quand les pièces de poterie sont sèches, l'ouvrier les place dans un four fait exprès, où elles cuisent avec du bois ou de la houille.

On fait cuire la poterie pour la rendre plus légère et plus dure.

On fait de même les pots, les tasses et toute la poterie.

Les tuiles et les briques se font aussi avec de la terre grasse dans des moules.

L'endroit où l'on fait des tuiles se nomme *tuilerie.*

Celui où l'on fait les briques se nomme *briqueterie.*

La porcelaine est faite avec une terre plus fine qu'on nomme *kaolin.*

La porcelaine est blanche et transparente. On l'embellit par la peinture et la dorure.

Le Verre.

Avec quoi fait-on le verre?

— On fait le verre avec du gravier ou de petits cailloux, et une sorte de sel que l'on nomme soude.

— Comment fait-on le verre?

— On choisit d'abord le gravier ou les cailloux, selon la qualité du verre que l'on se propose de faire, car il y a du verre noir et du verre blanc. On y mêle une quantité suffisante de soude, et l'on expose ce mélange à un feu très actif, très fort, dans un four fait exprès. Ces cailloux et ce sel, venant à fondre ensemble, forment une pâte brûlante, à laquelle on fait prendre mille formes diverses, soit avec des moules, soit comme nous allons l'indiquer.

S'il s'agit de faire une bouteille, une carafe, l'ouvrier prend cette pâte brûlante au bout d'un fer creux ou tuyau semblable à un canon de fusil. En soufflant dans le tuyau, l'ouvrier fait enfler le verre fondu et brûlant, comme l'on enfle une vessie, en l'emplissant d'air. Lorsque la matière est enflée et encore rouge, l'ouvrier lui donne la forme qu'il veut avec des ciseaux et autres outils. C'est une bouteille, une carafe, un bocal, ce que l'on veut.

Le *cristal* est un verre plus fin que les autres. On le souffle dans des moules.

Les pièces les plus belles sont ensuite taillées au tour.

Famille, Tribu, Nation, Émigrer, Coloniser.

Papa, j'espère que vous fûtes content de moi hier au soir : j'ai veillé jusqu'à dix heures, et je n'ai interrompu personne par mes questions.

— Tu aurais mieux fait d'aller te coucher : tu as dû t'ennuyer beaucoup.

— Non, papa, je ne me suis pas ennuyé du tout.

— As-tu compris tout ce qu'a raconté ton oncle le capitaine, qui arrive d'Alger?

— J'ai noté quelques mots que je n'ai pu comprendre. Voulez-vous me les expliquer, papa?

— Quels mots as-tu notés?

— Ce sont d'abord les mots *tribu*, *nation arabe*, *peuple nomade*.

— Je suis bien aise que tu me fournisses l'occasion de te les expliquer.

En lisant, ne laisse jamais passer un seul mot sans chercher à le bien comprendre : sois attentif.

La réunion d'un père, d'une mère et de leurs enfants se nomme *famille*.

Dans certains pays, dans l'Algérie, par exemple, les nombreux descendants d'une famille qui habitent la même contrée forment une *tribu*.

Une tribu est une réunion de familles venant d'une seule et habitant le même pays.

Une tribu qui devient très nombreuse, et qui occupe une fort grande étendue de pays, peut former une *peuplade*, un *peuple*, une *nation*.

Une peuplade est un petit peuple, et ce mot ne se dit qu'en parlant des habitants de pays peu connus.

Un peuple, une nation est une grande réunion de familles ou de tribus unies par les mêmes intérêts et soumises au même gouvernement.

On y parle ordinairement la même langue.

Dans l'Algérie, on appelle nation arabe, ou simplement les Arabes, certaines tribus dont les *ancêtres* ou les anciens parents sortirent autrefois d'un pays qu'on appelle l'Arabie.

Tous les habitants de la France forment ce qu'on appelle la nation française, le peuple français.

Un peuple qui habite tantôt une contrée, tantôt une autre, est obligé de vivre sous des *tentes*, sortes de maisons de toile que l'on change de place quand on veut. C'est un *peuple nomade*.

Nomade signifie errant, qui n'a pas d'habitations fixes, de maisons.

Les peuples nomades sont ordinairement pasteurs ou bergers. Leur fortune consiste en troupeaux. Quand ils ont épuisé les pâturages d'une contrée, ils lèvent leurs tentes et vont les *planter* ailleurs.

On dit planter une tente, parce que l'on emploie pour soutenir les tentes des pièces de bois que l'on enfonce, que l'on plante dans la terre.

Savez-vous maintenant ce que signifient les mots tribu, nation et nomade?

— Oui, papa, je crois bien les comprendre.

Mais j'ai encore noté d'autres mots dont je voudrais bien entendre l'explication. Ce sont les mots *émigrer*, *coloniser*.

— Vous me faites grand plaisir; l'explication de ces mots entraînera celle de beaucoup d'autres.

Le pays où nous sommes nés est notre *patrie*.

Patrie se dit de tout le pays occupé par la nation dont on fait partie.

Tous les Français ont la France pour patrie.

Nous devons tous aimer notre patrie.

Aimer sa patrie, c'est être *patriote.*

Le bon patriote donne, s'il le faut, sa vie pour sa patrie.

Le sentiment qui nous fait aimer notre patrie se nomme *patriotisme.*

Les personnes nées dans le même pays sont *compatriotes* entre elles...

S'il arrive qu'un pays ait plus de monde qu'il ne peut en nourrir, une partie des habitants *émigre*, c'est-à-dire quitte ce pays pour aller en habiter un autre.

Les gens qui quittent ainsi leur pays sont des *émigrants.*

Quand ils sont établis ailleurs que dans le pays où ils sont nés, ce sont des *émigrés.*

Lorsque des émigrants vont avec leurs familles, et sous la conduite d'un chef, s'établir dans un pays éloigné et peu peuplé, ils forment une *colonie.*

Chaque membre de la colonie se nomme *colon.*

Les habitants du pays dont les colons acquièrent une partie des terres se nomment *indigènes* ou gens du pays.

Ainsi, *coloniser* un pays, c'est le peupler de colons.

Le pays d'où les colons sont partis pour

former une colonie s'appelle la *métropole* ou la *mère patrie.*

Ainsi les colonies parties de la France sont des colonies françaises, et elles ont la France pour métropole, pour mère patrie.

Le Sucre.

Maman, avec quoi fait-on le sucre?

— On fait le sucre avec le jus ou suc de certains végétaux, tels que la *canne à sucre* et la *betterave.*

— Qu'est-ce que la canne à sucre?

— C'est une sorte de roseau que l'on cultive dans les pays chauds.

Ce roseau contient un suc, une sorte d'eau très sucrée, avec laquelle on fait le sucre.

— Qu'est-ce que la betterave?

— La betterave est une racine très sucrée que l'on cultive dans nos jardins et dans nos champs.

On mange aussi la betterave cuite en salade.

— Comment fait-on le sucre?

S'il s'agit de la canne à sucre, on écrase les roseaux, pour en *exprimer*, pour en faire sortir le suc ou jus, qui s'appelle *vin de canne.*

On ne peut garder le vin de canne; il fermente bientôt.

Pour l'empêcher de fermenter, on le met bouillir à mesure qu'on l'obtient.

Le vin de canne contient de l'eau et du sucre.

En faisant bouillir le vin de canne dans de grandes chaudières, la partie aqueuse, ou l'eau qu'il contient s'évapore, se réduit en vapeur, et le sucre reste au fond des chaudières.

Lorsqu'on fait bouillir de l'eau, il s'en élève une espèce de fumée ou petit nuage qui n'est autre chose que de l'eau rendue très légère.

Cette fumée se nomme vapeur.

Lorsqu'il sort des chaudières, ce sucre est jaunâtre. On l'appelle cassonade ou sucre terré.

Si l'on raffine la cassonade, elle devient du sucre bien blanc.

Pour raffiner le sucre, on fait fondre la cassonade et l'on y mêle des matières animales, telles que du sang de bœuf, du noir d'ivoire.

En se séparant du sucre, ces matières animales entraînent tout ce qu'il renfermait de sale, et le sucre devient blanc comme vous le voyez.

Pour *extraire*, pour tirer le sucre de la betterave, on réduit la betterave en pâte à l'aide d'une râpe.

On met cette pâte ou pulpe sous un pressoir pour en exprimer, pour en faire sortir le suc ou jus.

C'est dans ce suc ou jus qu'est le sucre.

Pour l'en retirer, on le fait bouillir comme le vin de canne.

Le *marc de betterave*, ce qui reste de la pâte de betterave sous le pressoir, sert à nourrir les bestiaux.

Les feuilles de la betterave sont aussi une bonne nourriture pour les vaches.

On peut encore les employer comme engrais ou fumier.

Le sucre de canne se nomme sucre des colonies, ou sucre *exotique*.

Le sucre de betterave s'appelle aussi sucre *indigène*, ou de notre pays.

Les vers à soie.

Claire, voyez-vous ces espèces de petites graines blanches et grises qui sont là sur des feuilles de papier? Ce sont des œufs de vers à soie. Mettez-les au soleil ou près du feu, et bientôt vous en verrez sortir de petits vers ou chenilles, que vous placerez sur des feuilles de mûrier. Si vous avez soin de leur donner chaque jour une assez grande quantité de feuilles fraîches, ils grossiront vite.

Cette laide peau grise qui, dans les premiers temps, couvre leur corps, tombera et sera remplacée par une autre plus brillante.

Ce changement de peau s'appelle *mue. Muer* signifie changer.

Après avoir ainsi mué quatre fois, ces vers seront longs comme votre doigt : ils cesseront de manger et deviendront transparents.

Alors vous mettrez chaque ver séparément dans un cornet de papier ou sur un rameau de bruyère. Là il filera sa maison, au milieu de laquelle il s'enfermera, et vous aurez autant de boules de soie que vous aviez de vers.

Ces boules de soie, allongées et creuses, se nomment *cocons.*

Chaque cocon renferme non plus un ver, une chenille, mais une espèce de fève qu'on dirait sèche.

Cette sorte de fève, c'est le ver, la chenille, qui a pris cette nouvelle forme, sous laquelle il ne ressemble plus à un animal.

On l'appelle alors *chrysalide.*

Si l'on conserve les cocons, chaque chrysalide deviendra un papillon. Toutes les chenilles deviennent des papillons. Les cocons que vous aurez conservés seront bientôt percés par les chrysalides devenues papillons. Ces papillons produisent une grande quantité d'œufs, avec lesquels on obtient, l'année suivante, d'autres vers à soie.

Après avoir déposé leurs œufs, les papillons meurent.

Vous mettez dans l'eau bouillante les cocons dont vous voudrez dévider la soie. Après avoir ôté la soie grossière qui se trouve dessus, et qu'on nomme *filoselle* ou *bourre de soie*, vous chercherez, à l'aide d'un petit balai, le bout de la soie dont le cocon est formé. Ce fil est si fin, si délié, si délicat, qu'il faut en réunir plus de douze pour obtenir un fil assez gros pour être tissé. Vous voyez qu'il faut bien des vers pour filer la soie d'une robe.

Mademoiselle P. HARMAND.

BIBLIOTHÈQUE NATIONALE R.F. IMPRIMÉS

FIN.

3889-89. — CORBEIL. Imprimerie CRÉTÉ.

www.ingramcontent.com/pod-product-compliance
Ingram Content Group UK Ltd.
Pitfield, Milton Keynes, MK11 3LW, UK
UKHW020312230726
13925UKWH00002B/365

9 782014 453416